Gott, Mensch und Welt bei Franz Overbeck

Basler und Berner Studien
zur historischen und systematischen Theologie

Herausgegeben von
Max Geiger und Andreas Lindt

Band 30

PETER LANG
Bern · Frankfurt am Main · Las Vegas

John Elbert Wilson

Gott, Mensch und Welt bei Franz Overbeck

PETER LANG
Bern · Frankfurt am Main · Las Vegas

Druck ab reprofertigem Manuskript

© Verlag Peter Lang, Bern 1977
Nachfolger des Verlages
der Herbert Lang & Cie AG, Bern

Alle Rechte vorbehalten.
Nachdruck oder Vervielfältigung, auch auszugsweise, in allen Formen
wie Mikrofilm, Xerographie, Mikrofiche, Mikrocard, Offset verboten.
ISBN 3-261-02186-1
Auflage 400 Ex.

Druck: Juris Druck + Verlag, Zürich

Meiner Frau gewidmet

Inhaltsverzeichnis

	Seite
Vorwort	9
Abkürzungen	13
Bezeichnung der Manuskripte aus dem Franz-Overbeck-Nachlass der Universitätsbibliothek Basel	15
Daten, die für diese Arbeit wichtig sind	17

Teil I. Die Anfänge   19

    Kapitel 1. Familienglück und andere Einflüsse   19

    Kapitel 2. Die Predigten der Studienzeit   23

        a) Die erste Predigt   23
        b) Die zweite Predigt   24
        c) Die dritte Predigt   26
        d) Die vierte Predigt   28
        e) Die Predigten von Karl Schwarz   29
        f) Schleiermacher   31

Teil II. Die Leipzig-Jenaer Zeit   33

    Kapitel 3. Aphorismen der Leipzig-Jenaer Zeit   33

    Kapitel 4. Vorlesung über Trinitätslehre und Christologie (1865/1866)   44

        a) F.C. Baur und die historisch-kritische Methode   44
        b) Die Entwicklung vor Jesus   45
        c) Jesus   46
        d) Die Entwicklung bis Nicäe   54
            1. Overbeck und die neutestamentliche Spekulation   54
            2. Erinnerung an den historischen Jesus   58
        e) Mönchtum   62

    Kapitel 5. Die Antrittsvorlesung in Basel   66

    Kapitel 6. Die Formfrage   70

    Kapitel 7. Overbeck und Richard Rothe   73

        a) Richard Rothe   73
        b) Overbeck und Rothe   77

Teil III.	Basel	81
	Kapitel 8. <u>Ueber die Christlichkeit unserer heutigen Theologie</u>	81
	a) Die Grundlage	81
	b) Overbeck und Nietzsche	88
	Kapitel 9. <u>Geschichte und Mythus</u>	92
Teil IV.	Gott ist tot	99
	<u>Einleitung</u>	99
	Kapitel 10. <u>Entstehung</u>	101
	Kapitel 11. <u>Plato</u>	107
	Kapitel 12. <u>Theologie</u>	114
	Kapitel 13. <u>Liebe</u>	125
	a) Reduzierung der Religion auf das Mass des Menschen	125
	b) Das Gericht und die Liebe	129
	c) Das Glück der Liebe	134
	Kapitel 14. <u>Gott</u>	140
	Kapitel 15. <u>Tod</u>	148
Literaturverzeichnis		151

Vorwort

Diese Arbeit ist eine gründliche Neubearbeitung meiner unveröffentlichten Dissertation, "Continuity and Difference in the Course of Franz Overbecks Thought; an Analysis of Overbecks Concept of the Relation between History and Religion" (Claremont, 1975).[1] Seit ihrer Fertigstellung bin ich in gewissen wichtigen Aspekten zu einer anderen Interpretation gekommen.

Schon vor der Abfassung der Dissertation wurden mir zwei Arbeiten freundlicherweise zur Verfügung gestellt - beide auf den Manuskripten Overbecks basierend - die in der Zwischenzeit erschienen sind: Johann-Christoph Emmelius Tendenzkritik und Formengeschichte; der Beitrag Franz Overbecks zur Auslegung der Apostelgeschichte im 19. Jahrhundert (Göttingen, 1975), und Arnold Pfeiffers Franz Overbecks Kritik des Christentums (Göttingen, 1975). Beide Werke haben mir bei der Ausarbeitung der eigenen Thesen sehr geholfen. Besonders dankbar bin ich für zwei Schriften von Prof. Martin Tetz: "Ueber Formengeschichte in der Kirchengeschichte" (Theologische Zeitschrift 1961) und "Altchristliche Literaturgeschichte - Patrologie" (Theologische Rundschau 1967). Heute bin ich der Meinung, dass Prof. Tetz recht hat mit der Art, wie er schon vor 15 Jahren den Weg einer richtigen Overbeck-Interpretation andeutete.[2]

Ich konnte an den Overbeck-Manuskripten in Basel zwischen 1970 und 1972 intensiv arbeiten, und nach meinem Wegzug im Dezember 1972 konnte ich regelmässig nach Basel zurückkehren, um die Forschung weiter zu treiben. Ich gestehe, dass ich nicht alle Manuskripte gelesen habe, aber, wie ich glaube, doch die wichtigsten gelesen zu haben.

Es wurde mir im Verlauf der Forschung klar, dass Overbeck mit der Zeit seine Ansichten änderte, dass aber Elemente seines früheren Denkens auch in seinem späteren Denken zu finden sind, und dass seine spätere Arbeit nicht ohne die frühere zu verstehen ist. Ich konzipierte meine Dissertation schliesslich als eine Darstellung der Entwicklung von Overbecks Grundgedanken zur Theologie und Religion von seiner Studienzeit an bis zu seinem Tod. Dieses Konzept ist in dieser Arbeit beibehalten.

Meine These ist, dass Overbecks Denken durch die Frage nach der Beziehung von Gott, Mensch und Welt bestimmt ist. Weil ich dieser Linie folgte und weil ich bestrebt war, meiner Arbeit keine unnötige Länge zu geben, habe ich Texte und Aspekte von Overbeck, die für diese Arbeit wichtig gewesen wären, weggelassen.

Vor allem sind es Overbecks ungedruckte Vorlesungen über die Kirchengeschichte und das Neue Testament, die nicht behandelt sind - mit einer Ausnahme. Diese Werke fordern eine Behandlung, die ich ihnen im Rahmen dieser Arbeit nicht geben könnte. Hier und da habe ich etwas daraus entnommen, aber nur wenn es nötig war. Die erwähnte Ausnahme ist Overbecks Vorlesung von 1865/1866, "Ueber Trinitätslehre und Christologie". Diese Vorlesung ist unter Overbecks Vorlesungen einzigartig, denn sie ist eine Theologie des Neuen Testaments, wie Overbeck sie nie wieder gegeben hat, und sie hat mit der Frage nach der Beziehung von Gott, Mensch und Welt direkt zu tun. Dieser Vorlesung habe ich aber keine erschöpfende Analyse gewidmet, und ich übergebe diese Arbeit künftigen Forschern.

Nur die nach meinem Urteil wichtigsten Einflüsse auf Overbecks Denken sind in dieser Arbeit erwähnt. Eine allgemeine einführende Darstellung der Einflüsse findet sich bei Pfeiffer. Emmelius behandelt eingehend die historische Kritik des Neuen Testaments zur Zeit Overbecks und die Verbindung zwischen dieser Kritik und Overbecks Arbeit an der Apostelgeschichte.

Von besonderer Bedeutung für diese Arbeit ist die Datierung vieler von Overbeck nicht datierter Notizen.[3] Ich meine, dass ich damit richtig gespurt habe, aber andere werden sie bestätigen müssen. Ohne eine Datierung ist die Interpretation dieser Notizen sehr schwierig, und weil die Notizen äusserst wichtig sind, müssen sie in die gesamte Interpretation mit einbezogen werden.

Die Arbeit hat vier Teile. Im ersten Teil habe ich mich auf die Predigten aus Overbecks Studienzeit konzentriert. Ich glaube, aus den Predigten ergeben sich wichtige Grundbegriffe für Overbecks weitere Arbeit. Vor allem ist es der platonische Begriff "des Einen" und "des Vielen", der daraus zu gewinnen ist. Im zweiten Teil wird das Bewusstwerden der Formfrage bei Overbeck behandelt und damit zusammenhängend Overbecks Bestimmung der Theologie als kritische Wissenschaft. Im dritten Teil behandle ich Overbecks wichtigstes Buch, <u>Ueber die Christlichkeit unserer heutigen Theologie.</u> Hier wird keine erschöpfende Besprechung des Buches gegeben, sondern nur eine Analyse der Grundlagen. Hier wird auch von der ersten Begegnung mit Nietzsche gesprochen. Nietzsches Einfluss auf Overbeck war, wie ich glaube, von Anfang an entscheidend. Der vierte Teil zeigt eine neue Entwicklung in Overbecks Denken. Ich lasse diese Entwicklung mit dem Jahr 1882 beginnen nicht zuletzt, weil in diesem Jahr Nietzsches Worte "Gott ist tot!" und "amor fati" gefallen sind. Niemanden trafen diese Worte tiefer als Overbeck. Ein grosser Bruch im Denken Overbecks ist diese Entwicklung aber nicht, sondern eine logische Fortsetzung von früheren Gedanken.

Overbecks Denkbewegung ist eine Entfaltung von grundlegenden Ideen, die sehr früh sein Verständnis von Gott, Mensch und Welt formten. Zwischen Anfang und Ende steht das Buch <u>Ueber die Christlichkeit unserer heutigen Theologie.</u> Hat man dieses Buch verstanden, so hat man den Schlüssel zum Ganzen. Aber es ist nur dann zu verstehen, wenn man sowohl Ende wie Anfang versteht. In der Tat scheint Overbecks Denken sich nicht so sehr geradlinig zu entwickeln, als immer wieder in sich selbst zurückzukehren. Seine Gedanken in den früheren veröffentlichten und unveröffentlichten Schriften werden in seiner Entwicklung nicht so sehr überholt als vielmehr neu durchdacht, vertieft, erweitert und entfaltet. Es ist, als ob er beständig im Selbstgespräch mit allen seinen Manuskripten wäre. Das ist von besonderer Bedeutung, weil er einige für ihn wichtige fortwirkende Begriffe oder Grundlagen nur ein- oder zweimal ausspricht.

Die Interpretation von Overbeck ist mit der grossen Schwierigkeit verbunden, dass Overbeck seine tiefsten Ueberzeugungen auch in den Manuskripten nicht preisgab. Etwa in der Zeit der Abfassung von <u>Ueber die Christlichkeit unserer heutigen Theologie</u>(1873) schrieb er,

> Denn es widersteht in jedem Menschen etwas dem Versuch, seine persönlichsten, tiefsten, religiösen und überhaupt metaphysischen Ueberzeugungen auszusprechen. [4]

Am Ende seines Lebens hatte er als Wahlspruch das epikureische Wort "um zu leben, verberge dich".[5] Darum muss der Forscher, besonders in einer Arbeit wie dieser, mit dem Bewusstsein der Vorläufigkeit von Resultaten arbeiten.

Schliesslich weise ich darauf hin, dass der Herausgeber von Overbecks <u>Christentum und Kultur</u>, Carl Albrecht Bernoulli, viele Overbeck-Manuskripte abweichend vom ursprünglichen Wortlaut veröffentlichte.[6] Ich greife deshalb auf die ursprünglichen Manuskripte Overbecks zurück.

Ich habe allen zu danken, die seit 1969 meinen Verbleib in Basel und in der Schweiz, und daher diese Arbeit, möglich machten, vor allem Herrn Prof. Heinrich Ott. Herr Dr. Max Burckhardt und das Personal der Handschriften-Abteilung der Universitätsbibliothek Basel verdienen besonderen Dank für ihre unermüdliche und freundliche Hilfe. Dem Personal der Graubündner Kantonsbibliothek in Chur habe ich ebenfalls für seine Hilfe zu danken, wie auch Herrn Pfarrer Hans H. Mehrhof für seine Ueberprüfung des Manuskripts, und besonders Frl. Pfarrer Veronika Thurneysen, die in guter Freundschaft mein Deutsch korrigiert und Kapitel 12 aus dem Englischen uebersetzt hat.

November 1976

Anmerkungen zum Vorwort

1) Eine Photokopie dieser Arbeit befindet sich in der Universitätsbibliothek Basel.

2) Natürlich bin ich Prof. Tetz für sein Buch Overbeckiana II (<u>Der wissenschaftliche Nachlass Franz Overbecks</u>, Basel, 1962) zu Dank verpflichtet, denn ohne dieses Buch wäre diese Arbeit nicht möglich gewesen. Ich bin auch für die Arbeit von zwei anderen sehr dankbar, nämlich für die Dissertationen von Wolfgang Köhler (<u>Christentum und Geschichte bei Franz Overbeck</u>, Diss. masch. Erlangen, 1950) und Bernard Müller (<u>Glaube und Wissen nach Franz Overbeck</u>, Berlin 1967). In diesem Zusammenhang möchte ich noch zwei andere Arbeiten dankbar erwähnen, die "klassische" Bedeutung für die Overbeck-Interpretation haben, zuerst Walter Niggs Buch <u>Franz Overbeck; Versuch einer Würdigung</u> (München, 1931), und dann Philipp Vielhauers Schrift "Franz Overbeck und die neutestamentliche Wissenschaft", in <u>Aufsätze zum Neuen Testament</u> (München, 1965). Ich habe erfahren, dass neuerdings zwei Dissertationen über Overbeck vorgelegt wurden: Jürgen Courtin, <u>Das Problem der theologischen Wissenschaft in ihrem Verhältnis zur Theorie der Christentumsgeschichte bei Franz Overbeck</u> (Mainz) (siehe Pfeiffer, 21), und Rudolf Wehrli, <u>Alter und Tod des Christentums bei Franz Overbeck</u> (Zürich). Ich habe weder die eine noch die andere eingesehen und sie daher für diese Arbeit nicht in Betracht ziehen können.

3) Zur Datierung siehe Overbeckiana II, 30.

4) A 238, "Theologie (Gegenwart) Vermischtes", §1, 1.

5) Overbeck, <u>Selbstbekenntnisse</u> (Frankfurt, 1966), 138.

6) Siehe Overbeckiana II, 17ff. Wie Tetz gezeigt hat, ist die ganze Zusammenstellung des Buchs Bernoullis Arbeit. Bernoulli benutzte für dieses Buch hauptsächlich Notizen aus dem späteren Overbeck, aber dabei sind auch einige Notizen aus dem jüngeren Overbeck, z. B. <u>Christentum und Kultur</u> S. 42, wo Overbeck von "Trieb und Fähigkeit... uns in Gott hinein zu sublimieren" redet. Diese Notiz (A 227, "Jesus (Allgemeines)", §3, 2f.) stammt wahrscheinlich aus der ersten Basler Zeit. (Der Satz in diesem Paragraph, "Christus ist das Urbild u.s.w.", ist gar nicht von Overbeck sondern von seiner Frau. Siehe Overbeckiana II, 103, und A 204.) Auch das erschwert die Interpretation der Overbeck-Manuskripte, die Bernoulli in diesem Buch veröffentlichte.

Abkürzungen

<u>Christlichkeit</u>	– Franz Overbeck, <u>Ueber die Christlichkeit unserer heutigen Theologie</u> (2. Ausg. Leipzig, 1903).
CK	– Franz Overbeck, <u>Christentum und Kultur</u> (Basel, 1919).
SB	– Franz Overbeck, <u>Selbstbekenntnisse</u> (Frankfurt, 1966).
Emmelius	– Johann-Christoph Emmelius, <u>Tendenzkritik und Formengeschichte</u> (Göttingen, 1975).
Nigg	– Walter Nigg, <u>Franz Overbeck; Versuch einer Würdigung</u> (München, 1931).
Pfeiffer	– Arnold Pfeiffer, <u>Franz Overbecks Kritik des Christentums</u> (Göttingen, 1975).
Overbeckiana I	– Ernst Staehelin, in Zusammenarbeit mit M. Gabathuler, <u>Overbeckiana; Uebersicht über den Franz-Overbeck-Nachlass der Universitätsbibliothek Basel, I. Teil: Die Korrespondenz Franz Overbecks</u> (Basel, 1962).
Overbeckiana II	– Martin Tetz, <u>Overbeckiana; Uebersicht über den Franz-Overbeck-Nachlass der Universitätsbibliothek Basel, II. Teil: Der wissenschaftliche Nachlass Franz Overbecks</u> (Basel, 1962).

Bezeichnung der Manuskripte aus dem Franz-Overbeck-Nachlass
der Universitätsbibliothek Basel

Die Manuskripte sind durch ihre Katalog-Nummer bezeichnet. Alle Katalog-Nummern haben den Buchstaben "A" vor der Nummer. Die grösste Sammlung von Notizen und Besprechungen nannte Overbeck das "Collectaneen", und den grössten Teil dieser Sammlung nannte er das "Kirchenlexicon". (Siehe Overbeckiana II.) Texte aus dem "Collectaneen" oder "Kirchenlexicon" sind wie folgt bezeichnet: Katalog-Nummer, Titel, Paragraph und Seitenzahl der Notizen und Besprechungen unter dem Titel (z.B.: A 219, "Christentum (modernes) Kritik", §3, 1.). Einige Sammlungen von Notizen enthalten Blätter ohne Titel und ohne Seitennummer (z.B. die Sammlung, die Overbeck "Eigenes" nannte - A 272).

Daten, die für diese Arbeit wichtig sind

1837	Geburtsjahr Overbecks
1856	Beginn des Studiums an der Universität Leipzig
1860	Bestehen des theologischen Kandidatenexamens
	Bestehen des Dr. phil.-Examens
	Overbeck geht nach Berlin, um Schleiermacher zu studieren.
1863	Habilitation in Jena
1865/1866	Vorlesung über Trinitätslehre und Christologie
1870	Overbeck nach Basel berufen
	Zufällig mietet Overbeck ein Zimmer im selben Haus, wo Nietzsche wohnt; Beginn ihrer Freundschaft.
1872	Veröffentlichung von Nietzsches <u>Geburt der Tragödie</u>
1873	Veröffentlichung von Overbecks <u>Ueber die Christlichkeit unserer heutigen Theologie</u>
1882	Veröffentlichung von Nietzsches <u>Fröhliche Wissenschaft</u> (Gott ist tot!)
	Veröffentlichung von Overbecks Aufsatz über die Formfrage im Christentum: "Ueber die Anfänge der patristischen Literatur"
1883	Während der nächsten drei Jahre Anschaffung der Werke von Platon
1903	Veröffentlichung der zweiten Ausgabe von <u>Ueber die Christlichkeit unserer heutigen Theologie</u>
1905	Overbecks Tod am 26. Juni

Teil I. - Die Anfänge

Kapitel 1. Familienglück und andere Einflüsse

Overbecks erste religiöse Orientierung ist in seinen <u>Selbstbekenntnissen</u> zu finden. Diese Schrift ist aber eine Art von "Tendenzschrift", d.h. der alte Overbeck interpretiert darin seine Jugend und seine theologische Laufbahn, und er erwähnt nur das, was ihm wichtig erscheint und was er nicht verbergen will. Es ist nicht meine Absicht, hier alles zu wiederholen, was Overbeck in dieser Schrift über seine Jugend schreibt. Aber es ist in der Tat schwierig, aus der Schrift mehr als nur einige wichtige "Tatsachen" über sein frühes religiöses Leben zu gewinnen.

Seine Mutter war römisch-katholisch, sein Vater Lutheraner. Er wurde als Lutheraner erzogen. Er berichtet mit offensichtlicher Freude, dass sein Familienleben äusserst einträchtig und glücklich war (SB 51ff., 140). Das wird im Zusammenhang mit der ersten Predigt von Overbeck auffallen, denn er redet von einer Parallelität im Verhältnis zwischen Eltern und Kindern und zwischen Gott und seinen Kindern. Overbeck hatte offensichtlich guten Grund, diese Parallele sinnvoll zu finden.

Unter den Manuskripten findet sich eine Reihe von Zitaten aus dem Buch des pietistischen Theologen H.W.J. Thiersch, <u>Ueber christliches Familienleben</u>[1], und diese Zitate gehören wahrscheinlich zu den ersten Schriften, die aus Overbecks Hand vorliegen. Darin kopierte Overbeck für sich eine Stelle, wo Thiersch schreibt, die christliche Familie "antizipirt" das Reich Gottes.[2]

In diesem Zusammenhang stellt sich die Frage nach der Bedeutung des Pietismus für Overbeck. Er berichtet in den <u>Selbstbekenntnissen</u> (95f.), dass er in seinem zweiten Jahr auf der Universität die alte Gewohnheit aufgab, täglich vor dem Einschlafen allein im Bett kniend zu beten. Das scheint eine pietistische Uebung gewesen zu sein.[3] In seinem "Kirchenlexicon" schrieb Overbeck eine Notiz, die vom 3. April 1903 datiert ist, über ein Buch des Altlutheraners und Pietisten Rudolf Rocholl,

> Es lehrt mich einmal, indem es mich bei aller Idiosynkratie an die Theologie erinnert, die zu meiner Studienzeit das damals grosse Wort führte, und mich zum christlichen Glauben hinausdrängte, so sehr wiederum schon damals gerade dieses separirte Altluthertum mich besonders anzog... Ich begreife bestens, ist das der romantisch-phantastische Unsinn, der in den 50er und 60er Jahren des vorigen Jahrhunderts sich der Köpfe der Theologen zu bemächtigen dachte, den vollständigen Schiffbruch, den diese Theologie inzwischen erlitten hat, aber zugleich auch warum

ich an diesem so nothwendigen und natürlichen Schiffbruch
so wenig Freude habe.[4]

Es scheint, dass Overbeck hier hauptsächlich von Richard Rothe redet (siehe unten S. 73). In einer anderen Notiz aus dem "Kirchenlexicon" lobt Overbeck Rothe als "Separatist" und "Pietist".[5] Rothe war kein Altlutheraner im strengen Sinn des Wortes, aber er war in vielen Weisen Verteidiger des traditionellen Glaubens. Es scheint, dass Overbeck mit Rothes Schriften erst durch Karl Schwarz' <u>Zur Geschichte der neuesten Theologie</u>[6] bekannt wurde, also im ersten Jahr seines Studiums in Leipzig, daher kann Rothes Einfluss auf Overbeck nicht für die Zeit vor dem Universitätsstudium gelten.

Aber Overbeck scheint im obigen Zitat nicht nur von Rothe zu reden, sondern vom Altluthertum und wahrscheinlich auch vom Pietismus überhaupt (die Grenzen zwischen den beiden waren damals fliessend). Sucht man in den Manuskripten oder in den Katalogen der Bibliothek Overbecks[7] für einen Beweis dieses Einflusses, so findet man eigentlich nur H.W.J. Thiersch. Overbeck schaffte einige von seinen Büchern an, aber erst in der Zeit nach 1863. Thiersch darf als "separirter Altlutheraner" betrachtet werden - er wurde wegen seines extremen Puritanismus buchstäblich aus der Lutherischen Kirche ausgeschlossen, und schloss sich einer Pfingstbewegung an.

Die Predigten von Overbecks Studienzeit zeigen den Einfluss von Schleiermacher, und die Grenzen zwischen Schleiermacher und dem Pietismus wie auch zwischen Schleiermacher und dem "Romantisch-Phantastischen" sind ziemlich fliessend. Man könnte denken, Overbeck sei schon zur Zeit des Gymnasiums Nachfolger von Schleiermacher gewesen. Schleiermacher steht auch in der Tradition der Aufklärung, und Bücher der Aufklärung sind in den Katalogen der Bibliothek Overbecks verzeichnet.[8] Es ist äusserst schwierig, in dieser "Dunkelheit" zu sehen, aber man kann sich vorstellen, dass der junge Overbeck von allen diesen Seiten beeinflusst wurde. Im Hinblick auf Overbecks frühe Theologie (und nicht nur der frühen Theologie) denkt man sogar an Novalis, der schrieb, "Das Herz ist der Schlüssel der Welt und des Lebens"; "Der Jüngste Tag ist die Synthesis des jetzigen Lebens und des Todes..."; "Theosophie. Gott ist die Liebe. Die Liebe ist das höchste Reale - der Urgrund".[9]

Overbeck schrieb in den <u>Selbstbekenntnissen</u> (139), dass er ein philantropisches Pfarrerideal hatte und daher das Theologie-Studium begann. Das heisst mindestens, er wollte die Menschen lieben.

Das Buch von Karl Schwarz, das Overbeck in seinem ersten Jahr in Leipzig las, war für ihn eine Einleitung in die Theologie der Zeit (SB, 91), und Schwarz nannte Richard Rothe den bedeutendsten Schüler Schleiermachers.[10] Das Buch führte ihn ebenfalls in die Probleme und das Recht zur historischen Kritik ein. Overbeck las gerade diesen Teil des Buches mit grösstem Interesse (SB, 91ff.).

Anmerkungen zu Kapitel 1

1) Frankfurt und Erlangen, 1855. Overbeck-Nachlass A 271

2) Ebenda, 27. Zu diesen Zitaten siehe Pfeiffer, 112.

3) Anderer Meinung ist Pfeiffer, S. 100. Pfeiffer betont den Einfluss der Aufklärung auf den jungen Overbeck - siehe besonders seine Besprechung (126ff.) des Einflusses von Shaftesbury auf den Overbeck der Leipziger-Jenaer Zeit.

4) A 235, "Rocholl. Einsame Wege. Vermischtes", §1, 1f. R. Rocholl, Einsame Wege (Leipzig, 1898).

5) A 235, "Rothe und Ritschl", §2, 15.

6) Leipzig, 1856. Siehe SB, 91.

7) Overbeck begann seinen "Accessionscatalog" (A 334) im Jahre 1863. Das erste darin verzeichnete Buch hat die Nummer "300", und jedes weiter verzeichnete Buch setzt die Nummerierung fort. Später verfasste Overbeck einen systematischen Katalog seiner Bibliothek (A 335), in welchem Bücher mit Nummern unter "300" zu finden sind. Diese lassen sich nicht in der Reihe ihrer Anschaffung ordnen.

Es ist klar, dass Overbeck schon vor 1863 sehr viele Bücher aus dem Bereich der historischen Kritik des Neuen Testaments und der ersten Kirchengeschichte anschaffte, und D. F. Strauss, F. C. Baur und die Tübinger Schule sind darunter stark vertreten. Aber es ist auch deutlich, dass Overbeck mit der Breite der Arbeit in diesen Fächern sehr früh bekannt war. Auch Schleiermacher und Richard Rothe sind hier zu finden, und Overbeck ergänzte seine Sammlung ihrer Schriften nach 1863. Die gesammelten Werke von Lessing, Schiller und Goethe wurden vor 1863 angeschafft, und einzelne Schriften von Philosophen wie Plato, Plutarch, Fichte, Locke, Montaigne, Descartes und Kant wurden auch vor 1863 unter seine Bücher gereiht.

Von 1863 bis 1870 sind es vor allem Bücher aus der historischen Kritik, welche die Kataloge füllen, aber darunter sind auch Werke von H.W.J. Thiersch und von Philosophen wie Bolingbroke, Hume, Rousseau, Voltaire, Herder und vom jungen Schelling. Die Gesamtwerke von Novalis und Kant sind hier zu finden. Werke von Walter Scott, Henry Fielding und von Gervinus wurden angeschafft.

Interessant ist, was sich nicht in den Katalogen befindet. Keine einzige Arbeit von Hegel ist darin verzeichnet. Marx und Engels fehlen. Feuerbach ist mit einem Buch vertreten: Abelard und Heloise (Ansbach, 1834). Karl Schwarz ist nur durch die erste Ausgabe seiner Geschichte der neuern Theologie und den Sonderdruck einer Predigt vertreten. Christian Hermann Weisses Philosophische Dogmatik (Leipzig, 1855-1862) ist nicht zu finden. Schopenhauer wurde erst in der Basler Zeit angeschafft.

8) Siehe Anm. 7. Unter der Katalog-Nummer A 271 befinden sich Zitate aus Karl Immermann, Memorabilien (Hamburg, 1840-1848) und auch J.P. Eckermann, Gespräche mit Goethe in den letzten Jahren seines Lebens, 1823-1832 (Leipzig und Magdeburg, 1848). Die Abschriften aus dem Buch von Eckermann tragen das Datum "Nov. 1860".

9) Novalis. (Auswahl und Einleitung von Walther Rehm. Fischer Bücherei 121. Frankfurt und Hamburg, 1956), 197. Siehe Anm. 7. Auch unter der Katalog-Nummer A 271 befinden sich Zitate aus Gottfried Keller, Der grüne Heinrich (Braunschweig, 1854-1855). Diese haben hauptsächlich mit Heinrichs romantisch-aufklärerischen Bemerkungen über Religion zu tun und wurden von Overbeck wahrscheinlich auch in der Zeit seines Studiums auf der Universität abgeschrieben.

10) Zur Geschichte der neuern Theologie (Leipzig, 1856), 280.

Kapitel 2. Die Predigten der Studienzeit

a) Die erste Predigt
___

Die erste Predigt[1] heisst "Die Gemeinschaft des Christen mit Gott" und hat als Text 1. Joh. 2, 1-5 (am 26.2.1859 im homiletischen Seminar zu Göttingen gehalten). Auffallend ist die Christologie "von oben". Christus hat für uns die Versöhnung bewirkt (6f.):

> Er hat in seinem Gehorsam geleistet was uns oblag zu leisten, uns aber unmöglich geworden war, durch die Tiefe der Sündhaftigkeit in die die Menschheit versunken war, die ihre vollständige Abwendung von Gott, d.h. ihren gänzlichen Untergang herbeiführen musste. ... Christus, der ewige Gottessohn, entäusserte sich selbst, nahm Knechtsgestalt an, ward gleich wie ein anderer Mensch, erniedrigte sich selbst, und ward gehorsam bis zum Tode, ja bis zum Tode am Kreuze. So ward er uns das letzte Opfer, wie der ewige Hohepriester. Denn einen solchen Hohepriester sollten wir haben, der da wäre heilig, unschuldig, unbefleckt, von den Sündern ausgesondert und höher dann der Himmel ist (Heb. 7, 26). ... alles dieses, welches zu der Erneuerung unserer Gemeinschaft mit Gott gewirkt, und uns ein neues Leben gestellt hat, wirkt noch fort und fort zur Erhaltung dieser Gemeinschaft. ... ... ist er ihnen [den Menschen] auch in seiner Verklärung stets nahe...

Es ist nicht überraschend neben dieser orthodoxen Christologie die Behauptung der Echtheit des Johannesevangeliums als Wiedergabe der Rede Jesu zu finden (11):

> Auf eine Geburt aus Gott führt er [Johannes] unsere Beziehung zu Gott zurück, und ihr wisset wie wir diesen Gedanken gerade bei dem Jünger Johannes so sehr betont und wiederholt finden, wie er uns gerade die Reden des Herrn aufbewahrt hat...

Die Predigt möchte darstellen, wie man sich die Versöhnung, die "Frieden der Seele" bedeutet, aneignen kann. Der Weg dazu ist "auf die Stimme Gottes im Innern" zu hören. Der Christ muss "Gemeinschaft mit Gott" haben, d.h. er muss "Gott kennen" (9). "Gott kennen" heisst "Gott im Herzen haben".

> Und achtet wohl darauf wie aus der Gemeinschaft zwischen Eltern und Kindern ein gegenseitiges sich Kennen erwächst, dieselbe Gegenseitigkeit waltet auch hier vor, ja auf Seiten der göttlichen Gnade, die uns in ihre Liebe aufgenommen hat, liegt ja hier die Haupt-

> tat. ... Gott ist in eure Herzen eingezogen und hat euch
> als ein gütiger Vater in seine Gemeinschaft aufgenommen.
> Und dieses Kennen und Erkanntsein, dieses Haben und
> Aufgenommensein, das sind ja die wesentlichen Bedin-
> gungen einer jeden wahren Gemeinschaft. Eben dahin er-
> läutert ja der Apostel Johannes, wenn er in demselben
> Briefe, dem unsere heutigen Textesworte entnommen
> sind, von unserem aus Gott geboren sein spricht...
> und uns zu wiederholten Malen als Kinder Gottes be-
> zeichnet...   ...Wer aber aus Gott geboren ist, der
> ist der Welt gestorben, und wie er aus Gott geboren,
> so lebt er auch aus Gott und im täglichen Verkehr mit
> ihm, und nicht mehr der Welt. Wiewohl noch in ihr,
> ist er ihr doch schon halb entrücket, und inmitten des
> Kampfes mit ihr fühlt er im Innern den Himmlischen
> Frieden[10f.]

Und wer Gott im Herzen hat, der "tut die Gebote Gottes", die alle "in dem Gebote der Liebe" zusammengefasst sind (12).

b) Die zweite Predigt
———————————

Overbecks zweite Predigt wurde im Juni 1859 im praktisch-theologischen Seminar in Leipzig vorgetragen und hat den Titel, "Werden wir nicht müde!" Der Text ist 2. Kor. 4, 16-18. Wie Pfeiffer schon bemerkt hat (114f.), trägt die Predigt spekulative Züge einer platonischen Art, wofür der Text als Sprungbrett dient. Der Gegensatz des Innerlichen und Aeusserlichen in der ersten Predigt wird hier als Gegensatz des Einen und des Vielen, Gott und Welt, Ewigkeit und Zeit, Ruhe und Bewegung, Friede und Streit ausgebaut.

> Das Sichtbare ist unendlich Vieles, daher vergänglich.
> Das Einzelne von diesem unendlich Vielen kann mir wohl
> zuteil werden, nie kann ich es ganz besitzen, und was
> ich habe giebt mir nie den Frieden der Seele, sondern er-
> weckt nur die Lust nach dem was ich nicht habe. Das er-
> reichte Ziel hat allen Wert für mich verloren, und ich
> strecke mich nach Weiterem um auch hier nur das Ge-
> fühl der Leere davonzutragen. So weist mich denn mein
> tiefstes Innere stets über das, was ich auf diesem Wege
> erlange hinaus, und doch rastlos, und, - wie ich hinzu-
> setze - einsam vorwärts eilend auf demselben, ent-
> schwindet mir die Hoffnung auf Ruhe. Einsam sage ich,
> denn wer auch ausser mir dem Sichtbaren nach jagt
> nun der will ja entweder ganz etwas anderes oder, will
> der dasselbe, nun, so streiten wir darum; beide kön-

nen wir es nicht besitzen. [5f.]

Wo nehmen wir dann die unermüdliche Kraft her, deren
es bedarf, einen solchen Kampf siegreich auszufechten?
Wo nehmen wir sie her, da sie noch in jenem Gott und
unseren Mitmenschen entfremdeten Leben... erschöpft
ist? [7]

Blickt er nach aussen, so scheint ihm jeder Kampf ver-
geblich... Und sein Inneres! Da hat er ja bisher freilich
wenig hineingeblickt, nicht der sanften Stimme Gehör ge-
liehen, die mitten in sein Treiben mahnend hineinklang.
Jetzt aber wird sein Blick hineingezogen. Denn da hat
sich der Kampf, den er im Leben floh, um so heftiger
entsponnen. ... Je weniger wonach er bisher gestrebt
ihn befriedigte ... um so nagender drängte sich ihm das
Bewusstsein auf, dass der Mensch in dieser zeitlichen
Welt nur ein Fremdling ist, er aber in seiner eigentlichen Heimat fremd geworden ist. [9f.]

Das Ewige ist das unendlich Eine und der Aufblick zu
demselben, das Leben in demselben verleiht mir die
Kraft, deren ich bedarf. Das Ewige, Gott, können wir
Menschen freilich nicht ganz haben. Es ist ja das Unendliche, und wir leben im Glauben und nicht im Schau-
en. Indem es aber das Eine ist, kann ich mich mit meinem ganzen Wesen darin versenken, und in der unge-
stillten Sehnsucht, die mir auch das was ich davon habe, lässt, habe ich es doch so wiederum ganz. Und
nicht einsam fühl' ich mich hier; o nein, in der seligsten Gemeinschaft mit Gott, in dem nicht ich sondern
er will in mir, in der seligsten Gemeinschaft aber
auch mit allen meinen Mitmenschen. Denn hier
schliesst ja keiner den Anderen aus. Das Ewige, so
sie alle darnach trachten, nimmt sie auch alle gleich
liebend auf... [11]

Auffallend ist, dass die Christologie der ersten Predigt fehlt. Es sieht sogar so aus,
als ob alle spezifisch christlichen Züge in dieser Predigt fehlten und eine platonisch-
philosophisch bedingte allgemeine Religiosität vertreten werde. Sucht man in Overbecks Studienzeit noch andere Zeichen solchen Denkens, so findet man eigentlich
nur den Titel von Overbecks heute leider verlorener philosophischer Dissertation,
die 1860 in Leipzig angenommen wurde: "Epicuri de voluptate doctrina cum Aristip-
pea comparata".[2] Schon allein das Thema der Dissertation lässt sich auf die Gegensätze in der zweiten Predigt beziehen: Das Glück ist nicht in weltlicher Lust zu finden (Aristipp), sondern in der Stille oder Ruhe der Seele, die über jede einzelne

Lust erhoben ist (Epikur). Schleiermacher macht diesen Vergleich in seiner <u>Geschichte der Philosophie</u>.[3] Ja, auch der Gegensatz der Ruhe der Seele einerseits, rastlose, unbefriedigende Bewegung in der Welt andererseits, der in der zweiten Predigt vorliegt, ist bei Schleiermacher als Gegensatz von Epikur und Aristipp aufgezeigt.[4] Es ist möglich, dass der Ausgangspunkt für die Dissertation Overbecks seine Beschäftigung mit dem Problem des Glücks war.

Was hat Overbecks Denken in diese Richtung geführt? Möglich ist, dass hier das Problem oder der Gegensatz Religion-historische Kritik zu Grunde liegt. Die historische Kritik bewegt sich in der Aussenwelt, die Religion ist innerlich. Jene ist streitsüchtig, diese ist friedfertig.

Der Gegensatz des Einen und des Vielen, der platonisch oder auch vorplatonisch ist, kommt in Schleiermachers <u>Reden</u> vor,[5] und er ist sowohl für seine <u>Dialektik</u>[6] wie für seine Darstellung der vorplatonischen Philosophie in der <u>Geschichte der Philosophie</u> grundlegend. Ueberhaupt lassen sich Overbecks Gegensätze in der zweiten Predigt bei Schleiermacher finden, vor allem in den <u>Reden</u>. Wichtig ist, dass Overbeck nicht versucht, diese Gegensätze in einem Absoluten zu verschmelzen. Dass er das nicht will, ist aus seiner Verwendung einer heidnischen antiken Sage zu sehen: Der Christ bezieht unbesiegbare Stärke von der "Berührung" mit seiner wahren Heimat, dem Ewigen (2. Predigt, 12).[7]

Pfeiffer fragt (114), ob Schopenhauers Einfluss, der in der Basler Zeit nicht zu bestreiten ist, nicht schon in den Predigten spürbar sei. Die Frage ist richtig, denn die Erlösung liegt auch für Schopenhauer jenseits der Welt. In der zweiten Predigt ist das Problem des Willens besprochen, und der Wille ist der springende Punkt für Schopenhauer. Am Anfang der Predigt schreibt Overbeck, dass der Wille durch den weltlichen Kampf ein zwiespältiger wird (1). Die Folge solch unerlösten Kämpfens ist die Müdigkeit, und "in völliger Ermattung scheint uns die Vernichtung Erlösung zu sein" (3). Overbeck will aber nicht die Vernichtung, sondern die Kraft, den weltlichen Kampf weiter zu führen, wie Paulus verspricht, und diese Kraft empfängt er von dem Ewigen, von Gott. Obschon Overbeck es hier nicht ausspricht, so besteht doch sein Schluss darin, dass auch der menschliche Wille versöhnt ist, wenn ein Christ mit Gott und Menschen versöhnt ist. Daher ist von Schopenhauer noch nicht zu reden, und doch steht die Sache Schopenhauer ziemlich nahe.

c) Die dritte Predigt

Der dritten Predigt "Ueber die Tempelreinigung Christi" liegt der Text Joh. 2,13-17 zugrunde. Sie wurde am 8. Februar 1860 in einem homiletischen Seminar in Leipzig gehalten.

In dieser Predigt sind die Richtungen der beiden früheren Predigten zum Teil vereinigt. Zunächst ist es eine Rückkehr zur Christologie, denn überall wird von

Christus oder vom Herrn gesprochen. Aber die Scheidung in die Gegensätze bleibt ein zentrales Thema. Das Folgende ist eine Zusammenfassung am Ende der Predigt (14f.):

> In unserem ganzen Leben nämlich sollen wir vollzogen haben, was Christus hier am Tempel vollzieht, die Scheidung von allem Weltlichen und Ungöttlichen, welches die heilige Stimme Gottes in uns übertäubt. Soll sich aber dies in unserem ganzen Leben vollziehen, dann ist zunächst mit jener Scheidung zu beginnen, in dem Mittelpunkte unseres inneren Seins, im Herzen... Im innersten Herzen reissen wir uns von allem Unheiligen los, auf dass es offen sei für das Heilige Gottes, denn das ist die Stätte von der aus allein dieses Heilige auch uns heiligen kann. ...so muss auch bei uns die Busse anfangen, die Reinigung des Herzens, ehe wir den inneren Frieden erlangen... Wie, ehe er dem Volke das Heil verkünden konnte, Christus auftreten musste, so, dass er das in demselben scheinbar völlig schlummernde Bewusstsein eines heiligen Gottes erweckte, so müssen auch wir vor allem die göttliche Stimme in uns zürnen lassen gegen alles, was uns von dem ewigen Grunde alles Guten trennt... Nur denn, wenn gereinigt, dürfen wir wirklich jene unendlich liebevolle und milde Gestalt Christi in der Seele besitzen und fühlen, wie wir denn auch aus seinem erhabenen Vorbilde fort und fort die Kraft schöpfen zu siegen in dem Kampfe, der uns in diesen Tagen vielleicht besonders schwer erscheinen mag.

Overbecks Mahnung ist aber, den streitenden, von Gott entfremdeten Menschen nicht zu richten, sondern bei dem Liebesgebot zu bleiben und für die Reinigung des eigenen Herzens zu sorgen (15f.).

> Haben wir die Welt überwunden und sind frei geworden, dann ist die ganze Welt der Gottestempel den Christus für uns gereinigt hat, dann ist unser ganzes Leben ein wahrer Gottesdienst. Dann, aber nur dann, dürfen wir uns die Worte des Apostels als auch an uns gerichtet, aneignen: Es sei das Gegenwärtige, oder das Zukünftige, alles ist Euer! (1. Kor. 3,22) Amen! [17]

Das Neue in dieser Predigt ist zuerst einmal die Erweckung des "schlummernden Bewusstseins eines heiligen Gottes" durch Christus. Das ist zweifellos Schleiermachers Gottesbewusstsein, das jedem Menschenleben zugehört, das aber, bis Christus erschien, den Schlaf der Sünde schlief. Weiter ist neu, dass Kraft für die weltlichen Kämpfe aus dem erhabenen Vorbilde Christi statt aus dem Einen und Ewigen zu schöpfen ist. Dieses "Vorbild" scheint Schleiermachers "Urbild" zu sein. In der zweiten Predigt ist kein Vermittler für die Erlösung erwähnt. Vielleicht sind aber die Worte der zweiten Predigt als Worte aus dem Heiligen Geist verstanden. Neu ist letzlich die Klarheit über die Welt: Wenn sie überwunden ist, wird sie Gottes Tempel.

d) Die vierte Predigt

Die vierte Predigt hat den Text 1. Joh. 4,10 und wurde im selben Monat wie die dritte Predigt, im Februar 1860 für das Candidatenexamen in Leipzig gehalten.

Auffallend ist hier die fast ausschliesslich in biblischer Sprache und mit Textzitaten durchgeführte Auslegung dieses Textes. (Der Text lautet: "Darin steht die Liebe, nicht dass wir Gott geliebt haben, sondern dass er uns geliebt hat, und gesandt seinen Sohn zur Versöhnung für unsere Sünden".) Wenn eine von diesen Predigten eine ausgesprochene Christologie "von oben" enthält, dann diese. Gott in seiner Liebe "beschliesst", den Christus zur Erlösung der Sünder in die Welt zu schicken (8). Die Betonung liegt ganz auf Gottes Tätigkeit; die menschliche Aneignung tritt auffallend zurück. Die Erlösung kommt nur mit dem Eintritt Christi in die Welt (15f.). Dass aber in Christus "der Sohn Gottes zu uns gesandt war", ist das "tiefste Geheimnis göttlicher Liebesoffenbarung" (S. 13). Das ist das Problem, das Overbeck nun mitten in dieser Christologie "von oben" stellt.

> Gott ist die Liebe. Nun Geliebte, wo dieses Wort steht,
> da wird nichts anderes der Grund auf dem alles Uebrige
> ruht (der alles durchklingende Grundton) sein, als die
> Liebe. So wird es denn auch für uns Christen immer
> das Höchste sein müssen zu suchen die Tiefe des Wortes: Gott ist die Liebe! zu ergründen, so weit wir es
> freilich mit menschlich schwachen Kräften vermögen,
> wozu uns das was uns die Schrift über die Liebe Gottes sagt vor allem Anleitung ist. [3]

Die Antwort in der Predigt zum Geheimnis der Liebesoffenbarung ist die neutestamentliche Lehre. Darin ist die Aufgabe gestellt: Gott ist der Quell aller Liebe (16, 18) und der Grund alles Lebens (8) - das zu ergründen ist die Aufgabe, und mitten darin ist Christus das "tiefste Geheimnis".

Merkwürdig ist diese Predigt, weil kein besserer Ausdruck über Overbecks Kernproblem in seiner ganzen Arbeit zu finden ist, als in dieser Aufgabenstellung. Die Lösung wird sich in der Scheidung in die Gegensätze vollziehen.

Elemente aus anderen Predigten sind auch vorhanden. Der Sünder ergibt "sich mit Begierde" den "Reizungen" der Welt, wird ihr Knecht, und mit der Zeit erkennt er, dass er Sünder ist.

> Da hört plötzlich das vermeintliche Glück, das er im
> Genusse der Welt gefunden, auf, und öde nur und leer
> kann ihm sein gottentfremdetes Dasein erscheinen. [6]

In seinem Inneren sucht er Ruhe und findet nur Unfrieden und das Gewissen in Aufruhr (7). Demgegenüber entdeckt der erlöste Christ, dass "die ganze Welt eine ungetrübte Offenbarung der Liebe Gottes" ist (12). Christ sein heisst, den "Geist der Kindschaft" bekommen, damit man ruft, "Abba, lieber Vater!" (15).

> Ist aber dieser Geist die Liebe, und haben wir wirklich die Vaterliebe Gottes erkannt, dann können wir
> gar nicht anders als wiederlieben, ihn als Vater, uns
> alle untereinander als Brüder ... bekennen... [21]

Dieser betonte "Massstab der Liebe", den wir "an alles was christlich sein will... anlegen", wird am Anfang der Predigt auf die Kirchengeschichte bezogen.

> Ihre herrlichsten Siege hat die christliche Kirche
> stets errungen durch die Liebe und nie ist die
> Stimme der Liebe in ihr ganz verstummt. ... Diese Liebe ist auch noch heute das, was alle Herzen
> überwindet... [1f.]

Die Apostolizität des Johannes wird in der vierten Predigt dreimal behauptet. Das hängt mit der Wahl von vorwiegend johanneischen Texten für diese Predigten zusammen, wie auch mit der Orientierung an Schleiermacher. Wenn Overbeck zu dieser Zeit tatsächlich meinte, dass Johannes Jesu Jünger war, so ist der Bruch umso grösser, der zwischen der Studienzeit und der Jenaer Zeit stattfand, denn in Jena ist Overbeck deutlich der Ansicht F.C. Baurs, dass Johannes kein Apostel war.

Die Predigten sind für das Verständnis von Overbecks Theologie ausserordentlich wichtig, und sie lassen sich relativ leicht überblicken.

e) Die Predigten von Karl Schwarz

1859 erschien in Leipzig Karl Schwarz' Predigten aus der Gegenwart, jedenfalls zu spät, um die erste Predigt Overbecks zu beeinflussen. Der Band ist nicht im Katalog von Overbecks Bibliothek verzeichnet, auch wurde er nie von Overbeck in den Manuskripten erwähnt. Doch sind deutliche Parallelen zu sehen. Es gilt auch für Schwarz, dass die Menschen in dieser Welt kämpfen müssen (225), dass sie in diesem Kampf müde werden und nach Innen blicken sollen (124), dass der Mahnruf "Wir verzagen nicht!" und "Bestelle dein Haus!" auf ein Zurückziehen in das Innere weisen (213), wo eine Wohnung für den Herrn bereitet wird (7). Die Sünde ist aus der Lust oder Begierde nach äusserlichen Dingen geboren (106), und der Mensch wird der Knecht der Begierde (122). Durch die weltlichen Sorgen der Sünde ist das

Innere von ewiger Unruhe zerrissen und kennt weder Glück noch Frieden (133, 236). Gerade das Glück ist aber das Begehrenswerteste und bleibt dem Sünder versagt (236). Hier muss schliesslich das Glück reiner Liebe, fromm und heilig, durchbrechen und frei machen (234). Der Gott der Liebe wird dann der Grundton durch alle Töne des Lebens, alle Misstöne zur seligen Harmonie lösend (259). Der befreite neue Mensch wird durch Liebe wieder in die Welt zurück geführt, aus der der Glaube ihn wegholte (145). In dieser Freiheit wird das biblische Wort gehört, "Alles ist euer!" (140). Schwarz illustriert eine Predigt sogar mit einer "Fabel des Altertums".

> Es ist eine schöne, sinnreiche Fabel des Altertums,
> die Welt sei entstanden aus Streit und aus Liebe und
> ihr Wesen bestehe in der den Streit der Gegensätze
> bändigenden, einenden Liebe. [145]

Das Verzeichnis der Bücher im Katalog von Overbecks Bibliothek zeigt, dass er eine gedruckte Predigt von Schwarz anschaffte. Sie geht über den Text 2. Kor. 1, 24 und trägt den Titel "Der protestantische Pfarrer und seine Gemeinde" (Gotha, 1856). Der Text - "Nicht, dass wir Herren seien über euren Glauben" - führt Schwarz zur Mahnung zur Toleranz, vor allem beim Theologen, der weder Mittler noch Richter des Glaubens ist (7). Der Wege zu Gott sind viele. Um zu dieser Wahrheit zu gelangen, brauchte es die Erfahrungen der Geschichte, "in welche Gott selbst mit seinem Griffel seine Ordnungen und seine Gerichte gezeichnet hat, denn die Weltgeschichte ist das Weltgericht..." (6).

> Ich habe geforscht und gerungen nach dem Bleibenden
> im Christentum, nach seinem ewigen Kerne, in den
> umhüllenden Schalen, nach seinem unwandelbaren Wesen in allen Wandlungen der Weltgeschichte. ...ich
> habe Philosophie und Geschichte zu Hilfe genommen,
> um ... bis zu der alle wechselnden Formen schaffenden und wieder auflösenden Seele hindurch zu dringen.
> [11]

> Ich soll den Beweis führen vor Gott und vor aller
> Welt, dass die Wissenschaft unserer Zeit den Glauben nicht zerstört, dass der kühle Verstand das Herz
> nicht erkältet, sondern dass der Glaube gereinigt und
> Herz und Charakter gestählt werden durch die vernünftige Erkenntnis. [12]

Das kann geradewegs als Programm für Overbecks frühe Theologie angesehen werden, dabei ist aber eines im Auge zu halten. Schwarz steht Richard Rothe nahe, und alles, was in dieser Predigt an Overbeck erinnert, ist bei Rothe zu finden. Das lässt sich auch von Schwarz' Hauptwerk, Das Wesen der Religion (Halle, 1847) sagen. Das Buch ist in Beziehung auf Overbeck äusserst interessant, und trotz der Tatsache, dass das Buch von Overbeck weder erwähnt noch im Katalog seiner Bibliothek verzeichnet ist, besteht die Möglichkeit eines Einflusses. Eine eingehendere Untersuchung der Einflüsse auf Overbeck würde da viele fruchtbare Ansätze finden. Man darf das auch von Christian Hermann Weisse, dem Lehrer Overbecks in Leipzig, sagen, der Rothe auch sehr nahe steht.

f) Schleiermacher

Unter den Manuskripten (A 236) sind 23 Seiten Abschriften und Verweisungen auf Schleiermachers Reden, aus der von Schleiermacher im späterem Leben bearbeiteten Ausgabe. Diese Abschriften gehören wahrscheinlich zu den ersten erhaltenen Schriften Overbecks. (Overbeck gibt die Seitenzahlen sowohl für die Schleiermachersche Gesamtausgabe von 1843 wie für die Ausgabe von 1831 an. Im Folgenden werden die Seitenzahlen aus der Ausgabe von 1831 angegeben.)

In diesen Abschriften finden sich einige von Schleiermachers berühmtesten Sätzen, z.B. dass wahre Religion "Sinn und Geschmack für das Unendliche" ist (46); oder dass die Unsterblichkeit der Religion heisst, "mitten in der Unendlichkeit Eins werden mit dem Unendlichen und ewig sein in jedem Augenblick" (121); oder die Betrachtung des Frommen ist "das unmittelbare Bewusstsein von dem allgemeinen Sein alles Endlichen im Unendlichen und durch das Unendliche, alles Zeitlichen im Ewigen und durch das Ewige" (42).

Der Weltgeist bezeichnet "den für alle Menschen selbigen Gegenstand der frommen Verehrung auf eine Weise... welche allen verschiedenen Formen und Stufen der Religion genehm sein kann" (132). Die Frömmigkeit hängt nicht von Begriffen ab, sondern man kann mit verschiedenen Begriffen fromm sein (111f.)

> Es ist Unglauben an die Kraft des Wortes Christi und des Geistes der ihn verklärt, wenn man nicht glaubt, dass jede Zeit von selbst sich ihre eigene angemessene Erklärung und Anwendung desselben bilde, sondern meint, man müsse sich an das halten, was eine frühere Zeit hervorbracht ...da die heilige Schrift selbst dieses nur geworden ist und bleibt durch die Kraft des freien Glaubens...[244]

Overbeck weist auch auf die Stelle hin, wo Schleiermacher von der Familie redet: "... denn wenn still und sicher Alles in einander greift, so wirken hier alle Kräfte die das Unendliche beseelen..." (210).

Im Hinblick auf die Predigten folgert man, dass Schleiermacher einen wichtigeren Einfluss auf Overbeck hatte. Man muss nicht sagen, dass Overbeck sich je ganz auf Schleiermacher stützte. Wie im folgenden Kapitel zu sehen sein wird, gibt es sehr bedeutende Differenzen zwischen Schleiermacher und dem Overbeck der Leipzig-Jenaer Zeit.[8] Wichtig hier ist nur die Schleiermachersche Grundorientierung Overbecks, die vor allem auf den jungen Schleiermacher hinweist.

Anmerkungen zu Kapitel 2

1) Alle Predigten sind im Franz-Overbeck-Nachlass der Universitätsbibliothek Basel unter der Katalog-Nummer A 13 zu finden.
2) Overbeckiana I, 79
3) In: <u>Friedrich Schleiermacher's sämmtliche Werke</u>. Dritte Abtheilung: Zur Philosophie. Bd. 4. Hg. von H. Ritter. (Berlin, 1839), 123, 80.
4) Ebenda, 123.
5) <u>Ueber die Religion. Reden an die Gebildeten unter ihren Verächtern</u> (Berlin, 1831), 43.
6) In: <u>Friedrich Schleiermachers sämmtliche Werke</u>. Dritte Abtheilung: Zur Philosophie. Bd. 2. Hg. von L. Jonas. (Berlin, 1839).
7) Siehe Pfeiffer, 114.
8) Siehe Pfeiffer, 134, vgl. 121.

Teil II. - Die Leipzig-Jenaer Zeit

Kapitel 3. Aphorismen der Leipzig-Jenaer Zeit

Nach Abschluss der Examen in Leipzig ging Overbeck für ein Jahr nach Berlin (Sommer 1860 - 1861), um Schleiermacher zu studieren.[1] 1861-1863 ist er wiederum in Leipzig, wo er seine Habilitation in alter Kirchengeschichte mit einer Arbeit über Hippolitus vorbereitet. 1863 ist er in Jena, 1864 wird er dort Privatdozent. Die ersten Vorlesungen zeigen deutlich, dass er der Richtung der Tübinger Kritik folgt. Der Ursprung dieses Interesses an der Kritik wie an der Kirchengeschichte liegt im Dunkeln. Nur sein Hinweis auf Karl Schwarz' Besprechungen der Theologie lässt eine sichere Aussage in dieser Frage zu. Wahrscheinlich war er schon in seiner Studienzeit auf diesem Weg.

1861 lernte Overbeck Heinrich von Treitschke kennen und schloss kurze Zeit später Freundschaft mit ihm. Der alte Overbeck schreibt, dass er zu dieser Zeit von Treitschke "das Gift der Kritik" in sich einsog.[2] Treitschke war ein ausgesprochen Liberaler von unkirchlicher und Straussischer Prägung, und er griff die traditionelle Kirche heftig an.[3] 1863 schrieb er an einen Freund über Overbeck, "Wie er mit seinen gesunden David-Straussischen Meinungen mit den Leipziger Zionskosaken auskommen will, das wissen die Götter."; 1866 schrieb Treitschke in einem Brief, Overbeck "glaubt nichts, nichts mehr als David Strauss".[4] Das trifft zum Teil zu (siehe Pfeiffer, 131ff.), zum Teil aber auch nicht, wie aus diesem Kapitel zu entnehmen ist. Interessant ist Treitschkes Hinweis auf die "Zionskosaken" in Leipzig. Ob Overbecks Predigten dieser Situation angepasst waren, weiss man nicht. Wahrscheinlich nicht, denn es ist zu viel in den Predigten, was sich auch später bei Overbeck findet.

Die folgenden Aphorismen stammen aus Overbecks Leipzig-Jenaer Zeit, d.h. aus der Zeit nach dem Abschluss des Examens. Einige stammen vielleicht aus einer früheren Zeit. Sie sind nicht datiert. Sie werden hier geordnet, um ihren Inhalt zu systematisieren. Es ist möglich, dass sie eine Entwicklung zeigen, dass sie daher ihre eigene Ordnung haben, aber sie sind wie aus einem Tuch geschnitten.

> Es gibt keine andere Versöhnung zwischen Glauben
> und Wissen, als nicht zu glauben, was man wissen kann,
> d.h. wir sollen unseren Glauben nicht an Dinge knüpfen,
> die im Bereich unseres Wissens gehören.[5]

> Um an das Christentum nur zu glauben, wissen wir
> zu viel davon, und um im Sinne der Kirche davon zu
> wissen, beruht zu viel davon nur auf Glauben.[6]

Das erste Zitat enthält nichts, was zur Theologie der Predigten nicht passen würde.

Es ist der bekannte Schleiermachersche Gegensatz, der auch Anklänge an Motive bei D. F. Strauss hat. Das zweite Zitat greift den Kirchenglauben an. Das passt auch zu Schleiermacher, der selber die Beziehung zwischen Glauben und Wissen in der Kirche neu regeln wollte.

> Das πρῶτον ψεῦδος der Theologie ist begreifen zu wollen, was seiner Natur nach schlechthin unbegreiflich ist. Ihr haftet ein Rationalismus im schlechten Sinne des Wortes an, wie denn der Rationalismus vulgaris von Gott und Rechtswegen ein echtes Kind der Theologie ist. [7]

> Die Begriffsphilosophie hat eine Seite nach welcher sie, weit entfernt uns durch das Begreifen die Natur der Dinge zu erschliessen, sich uns vielmehr dagegen verschliesst. Niemand war geeigneter gegen diese Gefahr einzuschreiten als der so vielseitige, für so viele Dinge offene Schleiermacher. [8]

Hier geht es wieder um den Unterschied von Glauben und Wissen, und wieder im Schleiermacherschen Sinn. Overbeck wendet sich gegen eine Spekulation über die Grenzen der Vernunft, sei es in der Kirche oder in der Philosophie.

> Ich begreife diesen fantastischen Heisshunger nach Erkenntnis nicht. Es ist für mich stille Voraussetzung, dass zu solcher zu gelangen uns nicht beschieden ist, dass unsere Kräfte von der Arbeit darnach ganz aufgesetzt werden, ohne uns zum Ziele zu führen, dass wir vollauf zumal damit zu tun haben, das Welträthsel von allen Trübungen zu reinigen und rein zu halten, welche menschlicher Unverstand darüber immer wieder bereitet. Halten wir uns frei von Allem was sich zwischen uns und das Räthsel schiebt, dies ist genug, um uns Menschen zufrieden zu stellen. Es muss wenigstens genug sein. [Von Overbeck später hinzugefügt:] Darin spitzt sich der ganze Streit der Theologie zu: Soll die Wissenschaft darin die Stellung einer Gehilfin annehmen oder nicht. [9]

Das Welträtsel zu lösen ist der Versuch der Spekulation. Overbeck will das Problem stehen lassen.

> Die Theologie ist eine kritische Wissenschaft an der Grenze zwischen Glauben und Wissen. Diese Beschränkung ihrer Aufgabe scheidet sie nun aus der Philosophie, deren sie natürlich bedarf, und hat beide Gebiete vor unbefugten Uebergreifen des einen in das andere zu schützen. Ein solches Uebergreifen ist es aber, wenn die Theologie nach wie vor im Wahne bleibt, im Besitz

> der absoluten Wahrheit zu sein. Sie hört dann auf
> Wissenschaft zu sein, ebenso wie sie sich nicht
> mehr Theologie ist, wenn sie das Wissen nur um
> des Wissens halber behandelt. Dies ist Philosophie. [10]

Nach den vorhergehenden Notizen ist es klar, warum die Theologie nicht im Besitze der absoluten Wahrheit sein kann. Vor dem Welträtsel bleibt sie stehen. Wissen und Glauben sind jedenfalls Gegensätze, die sich nicht mischen lassen. Beide haben ihr Gebiet.

> Kritik führt nicht zu Dualismus zwischen einer Welt
> des Endlichen und Erkennbaren Hellen und einer des
> Unendlichen, Unerkennbaren und Dunkeln, sondern
> sie ist die unablässige den ganzen Menschen sein Leben lang in Anspruch nehmende Thätigkeit um Endliches und Unendliches, Zeit und Ewigkeit, an deren
> Grenze nun einmal der Mensch gestellt ist, auseinander zu halten, ihnen nicht zu gestatten sich für ihn
> gegenseitig zu trüben. So lange der Mensch in dieser
> Thätigkeit begriffen ist, kann einer dualistischen Zerrissenheit in ihm nicht die Rede sein, da diese vielmehr das deutlichste Anzeichen der Erschlaffung dieser Thätigkeit ist. [11]

Die Gegensätze schliessen den Gegensatz Zeit - Ewigkeit ein, wie auch bei Schleiermacher. Wie in der zweiten Predigt ausgeführt, ist der höchste, d.h. umfassendste Begriff dieser Gegensätze der platonische der Einen und des Vielen. Alle andern Gegensätze finden ihren Platz darin. Im Schleiermacherschen Denken umfasst dieser Begriff auch den Gegensatz von Glauben und Wissen. Diese Gegensätze sind im Menschen aufeinander getroffen, aber der Mensch leidet nicht unter Zerrissenheit, solange er mit der Arbeit des Auseinanderhaltens beschäftigt ist.

> Der religiöse Glaube ist seinem Wesen nach formlos.
> Sollte es nicht eine verhängnissvolle Täuschung sein
> von ihm seine Selbstdarstellung in kirchlicher Gestalt
> als nothwendig zu fordern? [12]

> Furchtbarster Satz für wahre Religion: Die Wahrheit
> ist uns verschlossen. Er begründet wahre Toleranz,
> unendlichen Fortschritt, religiöse Scheu vor einem
> schlechthin Erhabenen. [13]

Hier erscheint die Seite des Glaubens, und hier ist Overbeck Schleiermacher immer noch nahe. Schleiermacher hat auch nie gefordert, dass die kirchliche Darstellung des Glaubens die alleinige sei. Schleiermacher ist aber bei der kirchlichen Darstellung geblieben, wie er sie auch immer umgedeutet hat. Overbeck will offensichtlich eine andere und neue Form.

> Schleiermacher will die religiösen Sätze aus dem Gefühl
> des religiösen Subjects ableiten. Leider hat er dabei
> gar zu sehr die Geschichte und was diese dabei zu sagen
> hat, vernachlässigt, und dadurch würde sein System auf
> einen falschen Subjectivismus führen, der einerseits
> über sein eigenes Gefühl nicht klar ist und nicht zu un-
> terscheiden weiss, was ihm wirklich angehört oder nur
> durch die Geschichte aufgedrungen ist, andererseits
> seine eigenen Gefühle den Sätzen der Tradition unter-
> schiebt. 14

Die Geschichte ist ein Mittel zur Abklärung dessen, was eigentlich zum Gefühl gehört. Diese Notiz läuft auf eine Ablehnung von Schleiermachers Versuch in seiner "Glaubenslehre" hinaus. Dabei aber hält Overbeck doch die Schleiermacherschen Grundlagen der Gegensätze aufrecht. Er will Schleiermacher nur korrigieren, nämlich durch eine neue Bestimmung des Verhältnisses zwischen Glauben und Wissen oder Geschichte.

> Das vorige (18.) Jahrhundert ohne historischen Sinn
> trug sich selbst in die Vergangenheit hinein, und so
> verhielt es sich auch dem Christenthum gegenüber.
> Seine eigene Moral substituirte es ihm und nahm dies
> für das alte Christenthum. Wir haben unterscheiden ge-
> lernt. Aber die Folge ist, dass, während das vorige
> Jahrhundert sich mit dem Christenthum noch eins wis-
> sen konnte, wir damit nicht eins werden können. Wir
> haben insbesondere erkennen gelernt, dass schon gan-
> ze Zeiträume, wie namentlich das vorige Jahrhundert,
> die noch eins mit dem Christenthum zu sein dachten,
> nicht mehr darauf standen. Diese Zeiträume sind aber
> nicht mehr aus der Geschichte zu tilgen. Wir haben ihr
> Erbe angetreten und das ihnen fehlende Bewusstsein
> nur dazu erworben. 15

Overbeck weiss sich nichts eins mit dem Christentum. Veränderungen der Zeit haben sich dazwischen geschoben, und dadurch ist der heutige Mensch, oder wer auch das "wir" in diesem Zitat sein mag, dem Christentum entfremdet. Diese Entfremdung ist endgültig.

> Die Reformatoren und Schleiermacher haben den theo-
> logischen Prozess auf die Stufe zurückführen wollen auf
> der er sich befand, bevor es eine Kirche gab, d.h. wie-
> der von vorn anfangen wollen. Es leuchtet ein, dass das
> misslingen musste und die so begonnene Entwicklung nur
> viel rascher zu demselben Ziele der inneren Zersetzung
> gelangte, wie die Kirche, welche doch viele Jahrhunderte
> dazu brauchte. 16

Wenn nun das Christentum wegfällt, bleibt doch der Glaube, der formlos ist, und die Religion, die also eine neue Form suchen kann.

> 7. Wir stehen heutzutage nicht vor der Frage: was kann uns noch das Christenthum sein! - das liegt wohl allgemein ziemlich klar vor - sondern vor der weit tieferen: was kann uns noch die Religion sein! Dieses Problem fasst rein auf der junge Schleiermacher, schärfer festgehalten hat es Lessing, beantwortet hat es Hegel, aber falsch. Lessing ist allein auf dem richtigen Wege, indem er Religion und Geschichte (historisches Christenthum) auseinanderzuhalten weiss.
> 8. Keine Religion wird sich mehr auf die Geschichte zu begründen suchen. Das Christenthum beschloss die Periode, wo sich Religionen auf die Natur gründeten. Es hängt alles an der Frage: ist die Religion wesentlich an diese Schützen gebunden? Nein. [17]

Lessing machte den Fehler Schleiermachers nicht: Er wusste, dass er mit dem Christentum nicht eins war. Bei dieser Auflösung des historischen Christentums behält die Theologie ihre eigentliche Funktion.

> Die Theologie ist ihrem Wesen nach eine endliche Wissenschaft, insofern sie ein System zu ihrem Inhalt. Hat sie dies System begriffen, - und es ist ganz gleichgültig, ob sie dabei aufgelöst oder bewiesen hat, - so hat sie ihre Dienste getan. [18]

Theologie dient der Religion; das Christentum ist nur eine Form davon. Theologie ist allerdings eine endliche Wissenschaft, denn sie ist von Menschen geschaffen, die nur in Begriffen ein System auf- oder abbauen können. Ob die Menschen in der Religion ein System auf- oder abbauen, hängt davon ab, ob ein System religiös funktioniert oder nicht, ob Gott darin für die Menschen zu einer bestimmten Zeit religiös "gefasst" wird oder nicht.

> Manche Leute möchten dem Christenthum gegenüber die Absolutheit der Autorität der Wissenschaft leugnen. Vollkommen mit Recht soweit das Christenthum sich auf Grundlagen stützt, die sich aller Wissenschaft entziehen und sich darüber zu beruhigen weiss. Ganz mit Unrecht soweit es sich dabei um Fragen handelt, welche die Wissenschaft wohl entscheiden kann, d.h. soweit das Christenthum eine historische Religion ist. Ob z.B. das Christenthum sich schon vor Paulus Absolutheit dem Judenthum gegenüber zugesprochen, ob es keinen Gegensatz des Paulus und der Urapostel gegeben, ist allerdings eine historische Frage, und sie liegt vollkommen im Bereich der Wissenschaft. Ihre Entscheidung mag daher für gewisse

> Anschauungen noch so ruinös sein, an sich abzulehnen ist sie nicht. Es ist lange die Stärke des Christenthums gewesen, dass es sich die Stütze der Geschichte zu geben gewusst hat. Sollte sich fortan nicht zeigen, dass hier auch seine Schwäche? Durch seine historische Begründung hat das Christenthum einer befangenen Wissenschaft die Möglichkeit seiner Apologie, eine freiende Möglichkeit seiner Kritik und teilweiser Negation gegeben. Die Geschichte ist der Punkt, wo die Wissenschaft, sei es apologetisch oder kritisch, das Christenthum überhaupt erst fassen kann. [19]

Hier ist die Schwierigkeit mit dem Christentum, wie auch schon früher, deutlich genannt: Die Geschichte, d.h. die geschichtliche Wissenschaft, reduziert das Christentum zu einer Sache des Wissens. Das Christentum kann sich aber auf wissenschaftlich unangreifbare Grundlagen stützen, und diese Grundlagen liegen in der reinen Religion. Durch die Wissenschaft wird nämlich ans Licht gebracht, dass nicht nur das Ewige dem Christentum zugrunde liegt, sondern auch und vor allem das Endliche, dass allzu viel darin dem Gebiet des "Vielen" angehört. Es ist jetzt sittliche Pflicht, den Begriff der Religion zu reinigen.

> Die wahre Begeisterung des Gelehrten darf nur seiner Wissenschaft angehören, und so auch [die] des Theologen, sofern er ein Gelehrter sein will. Das aber ist die Schwäche der meisten Theologen, dass sie meinen ihr Herz an gemüthliche Bedürfnisse, die sie religiöse nennen, hängen, und was daneben von Gedanken übrig ist, einer sogenannten Wissenschaft widmen zu können. Der Gelehrte hat in der Wissenschaft gemüthliche Bedürfnisse, die ausserhalb derselben bestehen, gar nicht anzuerkennen, und die Aufgabe der Theologie ist keine andere als die, darüber zu wachen, dass Bedürfnisse dieser Art die Klarheit der Wissenschaft nicht trüben. Dabei dient die Theologie auch ihrem spezifisch praktischen Zweck, den Störungen des inneren Friedens der Menschen vorzubauen am Besten. Denn einen anderen Weg zur Versöhnung von Wissenschaft und Theologie zu gelangen giebt es nicht, und den gewöhnlichen, theologischen Dualismus bestehen lassen heisst den Zwist von Glauben und Wissen nicht bloss verewigen, sondern ewig verschärfen. [20]

Theologie dient also dem "praktischen Zweck, den Störungen des inneren Friedens der Menschen vorzubauen". Das ist Theologie im Dienst der Religion, die, wie in den Predigten, Frieden im Innern bedeutet.

Overbeck sieht in dieser Not der Zeit keinen Zufall sondern eine Entwicklung, einen

Fortschritt im Geist der Menschheit.

> Die Religionen haben in ihren Anfängen den Boden erobert, den die Wissenschaft bearbeiten sollte. Diese Bearbeitung aber führt zu einer progressiven Emancipirung der Wissenschaft.[21]

> Die Natur war der Erzieher in der antiken Menschheit, die der modernen ist auch die Geschichte.[22]

Das ist der Optimismus eines Menschen der Aufklärung. Die Geschichte schreitet zu immer grösserer Aufklärung der wahren Lage der Menschen fort, so scheint es wenigstens der Fall zu sein. Overbeck ist auch, wie die Aufklärer, Humanist.

> Humaner Beruf der kritischen Theologie
> Humaner Beruf der Theologie überhaupt. Es handelt sich auch in dieser Wissenschaft ebenso wenig und nicht mehr wie in allen anderen um Gottes Sache, sondern um der Menschen Sache. Relatives Recht, aber n.B. nur relatives der ältesten Christen sich als die Verwalter eines göttlichen Geheimnisses zu betrachten. Auf die heutigen Theologen übertragen ist ein solcher Anspruch geradezu lächerlich, den unter ihnen selbst wohl nur wenige ernstlich zu erheben wagen werden. In besonders schöner Weise bewahrt sich der Humane Beruf der Theologie in der kritischen.[23]

Die ältesten Christen haben ein Recht, sich als Verwalter eines göttlichen Geheimnisses zu betrachten, weil sie der Offenbarung am nächsten sind und weil ihr Begriffsystem diese Nähe reflektiert. Das Recht ist aber nur relativ, weil die ältesten Christen nur in der Nähe der Wahrheit stehen. Human ist die kritische Theologie für die Menschen, insofern sie daran arbeitet, Frieden für ihre Seelen, d.h. Religion zu bringen.

Religion, wie Wissenschaft, ist Sache der Menschen, und das bedeutet, dass beide immer aus der Menschenwelt entstehen.

> Es werden bessere Tage kommen, wo man allgemein erkennen wird, dass der menschliche Geist zum Christenthum in demselben freien Verhältniss steht, wie zu allem was Erbe der Vorfahren und aus seinem eigenen Schoss entsprossen ist.[24]

> Man sieht im Christenthum gewöhnlich ein von oben und aussen in die Menschenwelt getretenes Wunder. Wer ihren Zustand kennt zur Zeit der Entstehung des Christenthums, ihren Glauben, ihren Nothstand, wird vielmehr erkennen, dass die Bedingungen zum Wunder

> durchaus in der Menschenwelt selbst ragen, dass
> das Christenthum ein Wunder ist, aber nur kein solches, das sich im Himmel gebildet hat, sondern
> eines, das aus der Menschenwelt entsprungen ist.[25]

Die Wunder sind geschichtlich-psychologisch zu erklären. Der Glaube ist formlos, aber er steht immer in einem bestimmten geschichtlichen Dasein und hat daher Form. Dem Schein nach ist der Glaube nach langem Lauf zu seinem reinen Sein und Begriff gekommen, aber das ist in Wirklichkeit nicht der Fall. Die neue Form des Glaubens ist genau so geschichtlich wie die früheren.

Dass aber Overbeck dem Christentum gegenüber kritisch geworden ist und neue Formen der Religion sucht, bedeutet nicht, dass das Christentum als Ausdruck des Religiösen gar nichts mehr zu sagen hätte.

> Geben wir eine unhaltbare Absolutheit des Christenthums auf, so werden wir seine relative Kraft steigern. Geben wir die Ansicht auf, dass das Christenthum eine theoretisch befriedigende Lösung des Welträthsels ist, und es wird für unser Menschenleben weit grössere praktische Bedeutung erlangen, als es heute hat, wo wir über das Christenthum grosse Worte brauchen, uns aber ganz unabhängig davon zu handeln vorbehalten.[26]

> Was uns das Christenthum noch sein könnte und sein sollte, wird es uns nur werden, wenn wir eine ganz freie Stellung dazu einnehmen. Dass das Christenthum heutzutage thatsächlich so wenig bedeutet, hat seinen Grund darin, dass es uns scheinbar (offiziell) so viel ist. Werfen wir den falschen Schein weg, dass das Christenthum uns noch eine absolute Autorität ist, dann werden wir neues Verständnis dafür gewinnen, finden, dass wir noch viel davon brauchen können und es uns frei zu eigen machen.[27]

Eine freie Stellung zum Christentum haben, heisst nicht mehr christlich glauben. Aber indem er religiös ist, ist der Mensch frei, religiöse Ausdrücke zu erkennen und zu schätzen. So z.B. gegenüber den biblischen Wundern:

> Die Bibel hat den gesunden Glauben an das Wunderbare, d.h. den Glauben daran, der anfängt wo unser Wissen aufhört. Die Theologen wollen aber nicht erkennen, dass, seit die Bibel geschrieben wurde, die Grenzen unseres Wissens verschoben worden sind, und vertheidigen gerade das Vergänglichste in dem biblischen Wunderglauben, seinen historischen Teil.[28]

> Die kritische Theologie erobert das Neue Testament

> für die wissenschaftliche Geschichtsforschung und
> entzieht sie der Theologie. Allein nur eine sehr
> beschränkte Auffassung dieser Thatsache sieht in
> ihr nur die Negation. Sie hat sehr positive Konsequenzen.[29]

Die Wunder, wie auch das Christentum, sind vergänglich geworden - diese sind ja ein Teil des Christentums. Sie gehören mit dem urchristlichen Zeugnis im Neuen Testament dem Gebiet des Vielen, der Wissenschaft, an. Und doch bleibt im kritischen Theologen die Fähigkeit, Religion gerade darin zu erkennen. Es geht nicht darum, das Christentum zu zerstören, sondern darum, der Religion adäquate Form zu geben.

> Von historischer Betrachtung des Urchristenthums kann
> doch nur die Rede sein, wenn es uns wirklich Vergangenheit geworden ist. Das Allgegenwärtige, Unvergängliche, ist etwas viel Geistigeres als es eine Geschichte
> sein kann.[30]

> Diese Feindschaft welche die alte Religion findet ist
> gewiss der schlechteste Bundesgenosse, welchen die
> neue haben kann. Es kann doch immer nur die Rede
> sein von Rückkehr zur Urreligion.[31]

Die wichtigste Frage ist nun, wo lässt sich die Urreligion finden? Eine Möglichkeit ist, dass die Urreligion in Schleiermachers Begriffen zu finden ist. Hier wäre die Urreligion etwa eine Schleiermachersche Entdeckung des ewig gleichbleibenden Wesens der Religion. In diesem Fall würde das Ewige schon feststehen, denn es könnte keine Aenderung in diesem Begriff geben. Wie im nächsten Kapitel zu sehen sein wird, können Begriffe, die durch Reflexion und Spekulation aufgestellt sind, keinen Ewigkeitswert für sich beanspruchen. Sie sind weltlich, d.h. Aspekte des Vielen. Ein begriffliches Wesen der Religion gibt es also eigentlich nicht.

Eine zweite Möglichkeit ist, dass die Begriffe "formlos", "unbegreiflich", und "allgegenwärtig" sich auf eine Erfahrung, das religiöse Gefühl, beziehen, das dann für den ewig gleichbleibenden Grund der Religion gehalten wird. Die "Rückkehr zur Urreligion" würde dann Rückkehr zu diesem Gefühl an sich bedeuten. Für Schleiermacher ist diese Erfahrung aber in ihrem Sinn erst durch Jesus eröffnet. Daher wäre für Schleiermacher die Rückkehr zur Urreligion die Rückkehr zu Jesus. Das folgende Kapitel soll belegen, dass Overbeck desselben Glaubens ist.

Anmerkungen zu Kapitel 3

1) C.A. Bernoulli, "Franz Overbeck", <u>Basler Jahrbuch 1906,</u> 140.

2) Siehe die Notizen, die Overbeck seinen Treitschke-Briefen beilegte (Overbeck-Nachlass); gedruckt in Bernoulli, "Franz Overbeck", <u>Basler Jahrbuch 1906,</u> 161-164. Siehe Pfeiffer, besonders S. 165ff.

3) Siehe seine 1861 in Leipzig gehaltene Rede "Die Freiheit", <u>Ausgewählte Schriften</u> (Leipzig, 1907), 27ff.

4) <u>Heinrich von Treitschkes Briefe</u> (2. Ausg. Leipzig, 1914), I, 210; II, 43.

5) A 224, "Glauben und Wissen (Vermischtes)", §2, 1.

6) A 219, "Christenthum (Historischer Beweis)", §5, 9; siehe CK, 279.

7) A 272

8) A 236, "Schleiermacher (Allgemeines)", §1, 1.

9) A 268b

10) A 272

11) A 272

12) A 272. Vgl. A 219, "Christenthum (Historischer Beweis)", §2, 6: "Das Christenthum ist eben nur eine einzelne Form des Glaubens des Menschen."

13) A 272

14) A 272; siehe Overbeckiana II, 132.

15) A 268b

16) A 272

17) A 219, "Christenthum (Gegenwart) Entzweiung", §7f., 23.

18) A 272

19) A 239, "Theologie als Wissenschaft (Vermischtes)", §12, 13. Diese Notiz stammt vielleicht aus der Zeit der <u>Christlichkeit.</u>

20) A 272; siehe Overbeckiana II, 132.

21) A 272

22) A 272

23) A 272

24) A 272

25) A 272

26) A 272

27) A 272
28) A 241, "Wunder (Vermischtes)", §9, 8.
29) A 218, "Baur (seine Bedeutung)", §7, 7.
30) A 268b
31) A 272

Kapitel 4. Vorlesung über Trinitätslehre und Christologie

a) F.C. Baur und die historisch-kritische Methode

Als Privatdozent in Jena trat Overbeck mit Nachdruck als Befürworter der historischen Kritik auf (siehe Emmelius, 19f.). 1865 nennt er F.C. Baur "den ersten Geschichtsschreiber des Urchristenthums".[1] 1866 lobt er Baurs Schriften als "die reichste Born wahrhaft befreienden Wissens... [die] heutzutage dem Theologen geboten" ist, und Baurs Auslegung der Lehre Jesu ist ein "Meisterstück".[2] Zur selben Zeit lehnt er aber Baurs "kritisch-spekulative" Methode ab und stellt seine Methode als die "historisch-kritische" auf.[3] Overbeck ist kein Hegelianer, wie aus dem letzten Kapitel zu schliessen ist.

> Die Art und Weise wie die Hegelsche Philosophie das Christenthum für sich geltend gemacht hat, kann man nur in dem Sinne billigen, als dadurch zuerst das Christenthum in den Fluss alles geschichtlichen Werdens hereingezogen ist.[4]

Overbeck ist aber der Methode Baurs sehr verpflichtet.

> Unsere Methode soll die sein, die historisch-kritische, die sich ... der kritischen Spekulation am meisten verpflichtet fühlt. Von dieser hat sie vor allem gelernt, die Dogmengeschichte nicht als ein zusammenhangsloses Aggregat zufälliger Meinungen anzusehen, sondern als ein wohl geordnetes (?) von gewissen Ideen beherrschtes Ganze. Nur wird sie sich hüten, diese Ideen ausserhalb des Flusses der historischen Erscheinungen selbst zu suchen.[5]

Eine Geschichte, welche von Ideen beherrscht ist, muss spekulativ sein, diese Ideen dürfen aber nicht ausserhalb der Geschichte gesucht werden. Das ist eine wichtige Differenzierung, denn Overbecks Auslegung in der vorliegenden Vorlesung ist spekulativ, und es wird unten behauptet, dass Overbeck sich dessen bewusst war. In Overbecks Methode geht es im Unterschied zu derjenigen von Baur darum, den Verdacht abzuweisen, dass er die Geschichte nach Ideen ordnet, die ihr fremd sind.

> Auch die spekulative Geschichtsmethode betrachtet oft historische Erscheinungen nicht rein aus ihnen selbst gewonnenen Geschichtspunkten, sondern aus solchen die von aussen her dazu gebracht, ihnen ursprünglich fremdartig sind... Diese ihre Schwäche drückt man gewöhnlich so aus, dass sie die Geschichte construire.[6]

Die Geschichte darf man nicht so drehen, dass sie zu den Ideen passt, sondern aus der Geschichte lassen sich erst die Ideen, welche die Geschichte beherrschen, entwickeln. Overbeck kann sagen, Baur scheine im Vorwort seines Buches über die Trinitätslehre[7] die Geschichte konstruieren zu wollen, in der Ausführung des Textes sei er aber "fast ausnahmslos" objektiv.[8] Objektivität heisst, durch die Geschichte die sie beherrschenden Ideen entwickeln lassen.[9]

Unter allen Vorlesungen von Overbeck nimmt diejenige von 1865/1866 über Trinitätslehre und Christologie (A 108) eine Sonderstellung ein, denn darin behandelt Overbeck Jesus und seine Beziehung zu dem, was sich vor ihm und nach ihm entwickelte. In der ganzen Vorlesung ist der Einfluss von Baur und, was die Entwicklung der pseudoapostolischen Literatur betrifft, von Baurs Schüler K.R. Köstlin deutlich, aber auch darin hat Overbeck Eigenständiges.

b) Die Entwicklung vor Jesus
___

Das erste Kapitel der Vorlesung trägt die Ueberschrift "Die Voraussetzungen aus der vorchristlichen jüdischen Lehre von Gott". Zum Verhältnis Gottes zur Welt in den ältesten Teilen des Alten Testaments schreibt Overbeck (26 f.):

> Nach der älteren gewöhnlichen Vorstellung des Alten Testaments wirkt Gott, das mit allmächtigem Willen über die Welt erhabene und von ihr geschiedene Subject, in der Welt durch seinen Geist. Dieser offenbart Gott aber nicht nur in der äusseren Natur ... sondern er ist auch das vermittelnde Band des Verhältnisses zwischen Gott und den Menschen, als Princip aller Fähigkeiten und Kräfte des Menschen insbesondere indem durch ihn der Mensch zum Organ des göttlichen Willens werden kann.

Mit der Zeit aber wird diese unmittelbare Nähe Gottes verloren (103):

> Die ursprünglich religiösen Vorstellungen sind von der Reflexion aufgelöst und es ist die Frage entstanden in wiefern die göttlichen <u>Wirkungen</u> in der Welt in Wahrheit für Offenbarungen des göttlichen <u>Wesens</u> gehalten werden können. In dieser Frage sind die Gegensätze schon ins Bewusstsein getreten, die für die Unmittelbarkeit des ursprünglichen Standpunkts nicht da sind, die Gegensätze von Gott und Welt. Immer schärfer treten sie auseinander und es begegnen sich hier die zwei grossen vorchristlichen Religionen, in deren Mitte das Christenthum empor gekommen ist, Judenthum und Heidenthum, schliesslich in einer absolut dualistischen nicht zu überwindenden Entgegensetzung von Gott und Welt. Dass dabei das Judenthum seinem ursprünglichen Wesen nach völlig aufgelöst wird ist klar...

Das Heidentum hatte seinen Polytheismus auch in einem "ursprünglichen Nichttrennen von Gott und Welt", er wurde aber "schon in Platon" in die Vorstellung der Einheit des göttlichen Wesens durch "denkende Reflexion" aufgelöst (70). Die Sehnsucht nach der verlorenen Unmittelbarkeit ist vor allem beim jüdisch-alexandrinischen Philosophen Philo festzustellen, und diese Sehnsucht bleibt bei Philo unerfüllt. Philo will "Einheit" mit dem Unendlichen, dem göttlichen Wesen. Er versucht sie zu erreichen durch eine Art begeisterten Wahnsinns, in welchem das menschliche Licht in dem göttlichen verschwinden muss (105).

> Hier sehen wir aber die vorchristliche Philosophie sich mit dem Denken selbst aufgeben und es sollte ja auch in der That nicht von einem Fortschritt denkender Erkenntniss sondern von einer Rückkehr zur Ursprünglichkeit des religiösen Bewusstseins der grosse Umschwung der Gedanken herkommen, der eine neue Lösung dieser Probleme von denen wir die vorchristliche Philosophie auf heidnischem wie auf jüdischem Boden verzweifelnd stehen bleiben sehen. Zunächst freilich geht die Lösung dieser Probleme...von einer ganz anderen Sphäre des Bewusstseins aus...... [Das Christenthum] stellt sich auf einen ganz anderen Standpunkt als jene Spekulationen, auf den des religiösen Bewusstseins, des Glaubens. Allein auf diesem Standpunkt bleibt es nicht... Vielmehr werden wir sehen, dass die christlichen Lehrer sehr bald unbedenklich die Erbschaft des Philo und der letzten vorchristlichen Ausläufer der griechischen Philosophie antreten, sich auf denselben Boden der Reflexion mit ihnen begeben... [106f.]

c) Jesus

Diese neue Lösung, die Rückkehr zur Ursprünglichkeit des religiösen Bewusstseins, ist bei Jesus von Nazareth zu finden, der die "Einkehr in sich selbst" predigt (146), deren Auswirkungen sich in der Bergpredigt äussern (147f.) Das Bewusstsein Jesu ist aber ganz menschlich (192), und um das festzustellen, muss man die Aussprüche Jesu nur aus sich selbst erklären, wie sie in den Synoptikern, vor allem in Matthäus, gegeben sind, und nicht auf das 4. Evangelium blicken (191). Für Jesus ist Gott der Vater - dies ist der Mittelpunkt von Jesu religiösem Bewusstsein und seine Grundanschauung von Gott (193). Er ist der Vater von allen, und Jesu Verhältnis zu ihm ist nur dadurch ausgezeichnet, dass er ein "Grad weiser" als die anderen Menschen ist. Er teilt aber dieses Verhältnis den anderen mit - wie ein "älterer Bruder" (193f.).

> Wer den Willen des Vaters tut, eine gewisse Gesinnung hat, der gelangt in Jesu Sinne ohne Weiteres zu dem Bewusst-

> sein Sohn Gottes zu sein. [195]

(Overbeck weist hier auf Mat. 5,9 und Luk. 6,35 hin.) Mit der Zeit liess Jesus sich Messias wie auch Sohn Gottes nennen (167f.), obschon er immer ein "Fernhalten von der volksthümlichen Vorstellung von dem Erscheinen des Messias in sichtbaren Herrlichkeit und als politischen Helden" anstrebte (147).

Der wichtigste Text für Overbecks Verständnis von Jesus ist Mat. 11,25ff. Dazu schreibt er, dass, weil dieser Text isoliert im Matthäusevangelium stehe, einige ihn als späteren Zusatz einer johanneischen Richtung sehen wollen. Nach Overbeck aber muss der Text authentisch sein, denn darin wird das ausgesprochen, was die anderen Worte Jesu voraussetzen (190). Mit dieser Ansicht folgt Overbeck einerseits Baur, der diesen Text mehrmals dem religiösen Bewusstsein Jesu zugrunde legt.[10] Andererseits ist dem Text von Overbeck ein Akzent gegeben, der über Baur hinausgeht. Zu Mat. 11,27 schreibt Overbeck das Folgende (198).

> ... [Mat. 11,27] ist zu verstehen eben aus der Grund- und Gesamtanschauung Jesu von Gott als dem ihm zuerst und durch ihn allen Andern offenbar gewordenen Vater aller Menschen. So verstanden aber scheint es nur natürlich, dass wir nur einmal eine derartige Aussage aus Jesus Munde hören. Je weniger damit ein vom Verhältniss Gottes zum Menschen überhaupt specifisch verschiedenes Verhältniss in seinem Sinne hiermit ausgesagt war, je inniger, unmittelbarer, friedlicher, von Reflexion unberührter dieses Sohnesbewusstsein in ihm ruhte, um so weniger musste er Anlass und Trieb haben sich gerade über diesen Punkt auszusprechen. Es blieb der tiefe und stille Grund aus dem er die Worte schöpfte, die auch in allen anderen Menschen die Gesinnung von Söhnen Gottes wecken sollten. Es war nur ... der Punkt seines eigenen Bewusstseins von dem aus er sich als den erwarteten Sohn Gottes, den Messias, erkannte.

Philos Sehnsucht ist hier erfüllt. Nach Jesus wird aber der "Logos" (aus der Philosophie des Mittelwesens) auf Jesus übertragen, was ein Zurücktreten vom Gottesbewusstsein Jesu auf den Standpunkt der "Zeitphilosophie" bedeutet (199f.)

> Dieses Moment konnte kein anderes sein, als das worauf diese Zeitphilosophie eben beruht, das Moment der Reflexion über das Verhältniss Gottes zum Menschen und zur Welt. In der That muss man nur ein sehr flaches Verständniss für das tiefe evangelische Wort haben, man solle werden wie die Kinder, um nicht unmittelbar einzusehen, dass die Speculationen der alten Kirche über Person Christi und Trinität ein dem Bewusstsein Jesu fremdes Moment enthalten; denn wir werden in diesen Speculationen wenig genug von dem werden wie die Kinder finden können. Sie beruhen

> ja vor allem auf einem erneuten Auseinandertreten
> der im Bewusstsein Jesu unmittelbar aufgehobenen
> Gegensätze von Gott und Mensch. Je unmittelbarer
> aber das Bewusstsein der Einheit von Gott und Mensch
> in Jesus ruhte, je mehr sich in seinen Worten die un-
> gebrochene Einfalt der ursprünglich aus seinem tief-
> sten Wesen hervorgegangenen Anschauung darüber
> aussprach, um so wunderbarer musste dieses Be-
> wusstsein der Zeit erscheinen, deren eigenes so
> durchaus in dem Gegensatz von Gott und Mensch
> verstrickt war, je mehr diese Zeit von der Reflexion
> über diesen Gegensatz zerrissen war. Zu tief in die-
> ser Reflexion befangen, um zur unmittelbaren Nach-
> folge des Bewusstseins Jesu fähig zu sein, schien
> ihr dieses nur einer höheren Welt anzugehören...
> ... Und ein zweiter Punkt ist noch von höchster Be-
> deutung. Es ist wohl festzuhalten, dass das Bewusst-
> sein Jesu durchaus ein Bewusstsein in der Einheit
> Gottes und des Menschen ist. Ueber ein Verhältniss
> Gottes zur Welt spricht er sich um so weniger aus,
> je mehr ihm das Bewusstsein des Menschen von sei-
> ner im Verhältniss eines Kindes zum Vater begrün-
> deten Einheit mit Gott nur durch ein Brechen mit
> der Welt zu gewinnen ist. Diese Seite des Bewusst-
> seins Jesu entspricht scheinbar ganz dem Bewusst-
> sein der Zeit; denn auch diese meinte ja nur in as-
> ketischer Weltflucht das Heil zu finden. Aber die Ana-
> logie ist insofern eine unvollkommene, als Jesus, in-
> dem er lehrte, Gottes nur durch Einkehr in sich selbst
> gewiss zu werden, diese Einkehr in einem viel tieferen
> Wurzel anfasste als die Philosophie der Zeit mit ihren
> asketischen Bestrebungen. Denn diese Philosophie ver-
> mochte doch nicht der Welt zu entsagen, so sehr sie sie
> floh; sie war von der Welt ausgegangen und kehrte immer
> wieder zu ihr zurück, auch hier nur, dieselbe Gespalten-
> heit des Bewusstseins offenbarend, die sie überhaupt
> quälte. Jesus legte eben die rein innerliche im Menschen
> gegebene Wurzel alles religiösen Verhältnisses des
> Menschen zu Gott in einer von keiner anderen Religion
> erreichten Reinheit bloss. Die Energie dieses religiö-
> sen Bewusstseins sprach sich vor allem darin aus, dass
> er über diese reine Innerlichkeit nicht hinausging, rein
> mit sich selbst begnügte. [199-203]

Was aus dieser Vorlesung bis jetzt wiedergegeben worden ist, ist der theologischen
Orientierung aus den Predigten eigentlich ähnlich. Die Entwicklung vor Jesus zeigt

das menschliche Bewusstsein in Entfremdung von Gott und in Unfrieden. Die Lösung ist die Einkehr in das Innere. Wie in den Predigten ist auch hier die von Jesus erreichte Einheit mit Gott keine Identität von Gott und Mensch. Sie ist dem Verhältnis eines Kindes zum Vater ähnlich, worin auch die Menschen Brüder sind. Es ist die Einheit eines "Familienglücks". Auffallend ist aber, dass Overbeck sich nicht mehr auf das Johannesevangelium stützt, sondern mit der historischen Kritik der Tübinger Schule in den Synoptikern die einzige Quelle der Reden Jesu findet. Das heisst, hier wird vom Menschen Jesus und nicht vom Christus gesprochen. Aber Jesus offenbart Gott - kraft seines Gottesbewusstseins, worin er die Wurzel des religiösen Verhältnisses zu Gott wie kein anderer blosslegt. Der Christus der Predigten und Overbecks synoptischer Jesus sind in diesem wichtigen Aspekt identisch.

Die Rückkehr zur Urreligion ist Rückkehr zu Jesus. Er ist die tiefste Blosslegung der religiösen Wurzel, nicht Schleiermacher. Durch ihn ist der Sinn aller Religion zu finden - auch der Sinn von vorchristlicher Religion. Das Begriffsystem der Theologie soll seinem Inhalt dienen. Dieser Inhalt ist die Religion und daher auch Jesus.

> Die meisten Theologen werfen der Kritik vor die That-
> sachen auf denen das Christenthum beruht zu verflüch-
> tigen und erklären alles, was sie glauben für Thatsache.
> Man sollte aber meinen gerade auf diesem Standpunkte
> käme doch alles darauf an zu ermitteln: was doch die
> Thatsache gewesen. Aber in dieser Verblendung gegen
> die Kritik rächt sich das πρῶτον ψεῦδος der kirchlichen An-
> schauung, das Welträthsel durch eine vereinzelte histo-
> rische Thatsache lösen zu wollen. Sie ist dadurch be-
> ständig genötigt gewesen dieser "Thatsache" einen völ-
> lig unwahren Umfang zu geben, und es ist eben das un-
> liebsame Geschäft der Kritik diese Thatsache auf ihren
> wahren Umfang zurückzuführen. Die Theologie ist nur
> gar geneigt seine ganze Dogmatik für Thatsache auszu-
> geben. [11]

Das Welträtsel ist, wie schon gesagt, unlösbar. Die Kritik der kirchlichen Dogmatik führt aber zu der eigentlichen Tatsache: zum Menschen Jesus.

Die wissenschaftliche Fassung des historischen Jesu führt Overbeck zur Entdeckung der Grenzen gerade dieser Fassung, nämlich zur Entdeckung eines Bereiches des Bewusstseins, der "unberührt" von Reflexion bleibt, der innig, unmittelbar und friedlich ist. Dieses Bewusstsein ruht in Jesus, ist stiller Grund, und aus diesem Grund entsteht seine Sprache. Weil der Grund still und friedlich ist, hat Jesus wenig Anlass und Trieb, sich darüber zu äussern. Dieser Grund ist formlos, daher für die Wissenschaft unfassbar.

Die reine Wissenschaft müsste aber diesen Grund gerade deshalb ableugnen. Sie müsste Overbecks Feststellungen über das Gottesbewusstsein zwar ihrer Form nach für fassbar aber wissenschaftlich für unbegründet halten, weil sie ihren Ursprung in

Overbecks Phantasie haben. Denn für die reine Wissenschaft existiert das Gottesbewusstsein nicht: Es ist unfassbar, daher existiert es für die reine Wissenschaft nicht. Aber Overbeck war aufgrund seiner eigenen Vorstellungen bereit zu sagen: Im Bereich der Wissenschaft ist die Wissenschaft allmächtig, und sie beherrscht alles, was in ihrem Bereich liegt. Das menschliche Bewusstsein hat aber noch eine andere Dimension, die religiöse. Darum anerkennt Overbeck Jesus als Sohn Gottes, nicht aufgrund des wissenschaftlichen Bewusstseins. Aufgrund des religiösen Bewusstseins versteht Overbeck, wie Petrus in der Auslegung von Mat. 16, 13, in der Vorlesung über Trinitätslehre und Christologie (167f.), Jesus als Offenbarung. Ja, ein wichtiger Punkt dieser Vorlesung ist der, dass Jesus seine Autorität nicht mit dem Messias-Namen begründet, sondern er hat sie allein durch die religiöse Erkenntnis von Anderen, die ihm diesen Ehrentitel entgegenbringen (168).

Hier ist noch etwas sehr Wichtiges zu sehen. Obschon die Wissenschaft den Grund von Jesu Gottesbewusstsein und auch dieses selbst nicht fassen kann, kann sie doch die Formen der Overbeckschen Begriffe fassen. Durch diese Begriffe hat Overbeck der Urreligion Form gegeben, und insofern hat er schon damit eine neue Form für die Religion gefunden. Wie er diese Form oder diese Begrifflichkeit versteht, wird noch zu sehen sein. Die Wissenschaft kann aber diese Form sehr gut fassen und ihre Entstehung erklären - dadurch z.B., dass die Begriffe aus Schleiermachers Spekulation abgeleitet sind.

Es ist hervorzuheben, was "Weltentsagung" bei Jesus bedeutet. "Welt" ist die Welt der Philosophen, der Gegensätze oder, in der Sprache der zweiten Predigt, des Vielen. Es versteht sich von selbst, dass man, wenn man von den Gegensätzen ausgeht, zu diesen zurückkehrt. Der Welt entsagen heisst, der Welt des gegensätzlichen Vielen entsagen. Die Weltentsagung Jesu ist die Einkehr in sich selbst, in das Innere, wo das Eine allein zu finden ist. Weltflucht ist demgegenüber eine Bewegung des in Gegensätzen gespaltenen, gequälten Bewusstseins. Wo die Philosophie in der Sehnsucht verharrt, gewinnt der Mensch Jesus die Welt in Gott, in dem alles einenden Einen der Liebe.

Die Einheit von Gott und Mensch in Jesus soll kein Wunder sein, denn Jesus ist völlig menschlich und "nur ein Grad weiser" als die anderen Menschen. Trotzdem haftet Jesus eine wunderbare Qualität an. Sein religiöses Bewusstsein hat eine solche Energie, dass er nie über diese reine Innerlichkeit hinausging. Das gibt ihm eine Sonderstellung unter den Menschen.

> In einer Stelle wie Matthäus 11, 27f. spricht sich das Bewusstsein den Glauben an sich selbst aus, wie ihn jeder religiöse Reformator haben muss und z.B. Luther in den entscheidenden Momenten seines Hervortretens auch hatte. Aber Luther nannte sich nicht den Sohn Gottes, dem Gott alles übergeben? Das freilich nicht, aber eben Christus war es der hier im Wege stand. Er ist der letzte, der sich Sohn Gottes genannt hat, und er bleibt für uns

immer der Vermittler der Erkenntnis, dass sich kein
Mensch so nennen kann.[12]

Entweder heisst das, Jesus hatte sich fälschlicherweise Sohn Gottes genannt, oder
er war unter den Menschen etwas ganz Besonderes - mit Gott eins. Nun das, was
scheinbar den Mensch zum Menschen macht, ist nicht nur sein religiöses Bewusstsein sondern auch sein Wissen, sein Leben im weltlichen Vielen, sein profanes Bewusstsein. Jesus hatte kein profanes Bewusstsein, er war mit Gott eins. Seine Jünger fingen nach seinem Tod sofort mit der Reflexion über seine Person an, was ein
Symptom des profanen Bewusstseins ist. Sie erheben die Person Jesu zur Idee der
Göttlichkeit und geben damit "die eigentümlichste religiöse Grundanschauung Jesu,
die Einheit Gottes und des Menschen" preis, und damit treten die Gegensätze Gott
und Welt wiederum auseinander (206f.). In einer Besprechung der Gnosis aus dieser
Zeit schreibt Overbeck,

> Von den ersten Anfängen an müsste allerdings das Christenthum sich zur Gnosis erweitern (siehe Lipsius, Gnosticismus,
> S. 20f), nicht aber, dass diess im Wesen der Religion oder
> gar in einem besonderen Sinne im Wesen des Christenthums
> begründet läge, sondern begründet ist diess im Wesen des
> religiösen Subjects, des Menschen. Es lag in der Natur der
> Sache aber, dass im Stifter des Christenthums das religiöse
> Princip so überwog, dass das gnostische sich nur mehr ahnungsweise in ihm thätig zeigen konnte.
> Anders aber war es in Paulus. Er ist eigentlich der erste
> christliche Gnostiker, aber auch der letzte christliche Gnostiker. Denn nur einmal war möglich diese vollkommene
> Harmonie der gnostischen und der pistischen Principen.
> Treffend heisst es bei Lipsius (a.a.O. S. 39), dass nach
> Paulus das Wesen der Gnosis gerade darin bestand "die
> absolute alles jüdische Wesen aufhebende Geltung der
> christlichen πίστις zu erkennen". Nicht lange aber konnte
> man sich bei dieser Antinomie beruhigen und seitdem gehen christliche πίστις und γνῶσις, die schnell einen innigen
> und in dem Genius des Apostels vollkommen harmonischen
> Bund schlossen, ebenso langsam aber unaufhaltsam auseinander.[13]

Die von Paulus erreichte Harmonie erinnert an das, was Overbeck über die Aufgabe
der Theologie in seinen Aphorismen schreibt (siehe oben S. 35): Die Theologie ist
eine kritische Wissenschaft an der Grenze zwischen Glauben und Wissen. Im Christentum ist die Harmonie zwischen diesen zwei nur bei Paulus erreicht; Overbeck
sucht eine neue Harmonie. Der Mensch ist aber auf jeden Fall sowohl ein Wissender
wie ein Religiöser. Und gerade das war Jesus nicht. Die Welt des Vielen wurde für
ihn zur Welt der Versöhnung in dem Einen. Overbeck schreibt zu Jesu Begründung
des Himmelreiches in der Vorlesung über Trinitätslehre und Christologie (191):

> Er stiftete es auf Grund des Bewusstseins unmittelbarer

> Einheit mit Gott, wie sie zwischen einem Sohn und
> Vater herrscht, auf Grund dieses Bewusstseins of-
> fenbarte er den Willen des Vaters den übrigen Men-
> schen.

Die Bergpredigt ist aus diesem Bewusstsein entsprungen (146f.). Für die Menschen, soweit sie Wissende sind, muss das Leben, wie Overbeck in den Predigten sagte, ein Kampf mitten im weltlich Vielen bleiben, und die vollkommene Versöhnung des Himmelreiches ist daher nur im Jenseits zu finden, in der Auflösung der Welt des Vielen in dem Einen.

Auch Jesus scheint in der Vorlesung über Trinitätslehre und Christologie auf das Weltende zu schauen und es vorauszusagen. Das wird zwar nicht in der Vorlesung direkt gesagt, wohl aber in einer Notiz aus dieser Zeit (siehe unten S. 60). Weltende kann nur eine Erwartung erfüllen, aber was kann Jesus von Gott erwarten, das er nicht schon hat? Da er eins ist mit dem Vater, hat er schon das, was er den Menschen verspricht.

Von der jüdischen Apokalyptik vor Jesus schreibt Overbeck in dieser Vorlesung (136), sie hielt die Welt für verdorben und reif zum Untergang. Dieser Gedanke zeigt, wie weit Gott und Mensch auseinander waren und steht Philo sehr nahe. Diese Vorstellung muss Jesus auch überwunden haben. Er hätte sie allerdings auch umbilden können, um etwas über das Reich des Himmels zu sagen.

In dieser Zeit schreibt Overbeck,

> Das Höchste, was wir über die moralische Erhabenheit
> Jesu sagen können, beruht darauf, dass er uns selbst
> einen so hohen moralischen Massstab gegeben um auch
> ihm die Vollkommenheit (Sündlosigkeit) abzusprechen.[14]

Obwohl Jesus das Himmelreich aus seinem Gottesbewusstsein begründete, ist er nicht vollkommen (Mk. 10,18 par.). Es geht Overbeck aber vor allem um einen menschlichen Jesus.

In der Vorlesung über Trinitätslehre und Christologie schreibt Overbeck über die Vollkommenheit (158),

> Wer die Gesinnung hat, wie sie das Reich Gottes im
> Sinne Jesu verlangt, der wird unmittelbar Bürger die-
> ses Reiches, und der Vermittlungen auf welche die spä-
> tere christliche Lehre dieses Verhältniss begründen zu
> müssen meinte, bedarf es hier noch nicht, um so weniger
> als selbst zum höchsten sittlichen Ziele im Reich Gottes,
> zu dem gleich vollkommen Werden wie der Vater im Him-
> mel, der Mensch in Jesu Wort Matth. 5,48 in einem ganz
> unmittelbaren Verhältnis steht.

Overbeck erklärt nicht, was dieses unmittelbare Verhältnis ist, aber es muss so

verstanden werden, dass der Bürger des Reiches erst im Himmel vollkommen wie
Gott wird. Jesus muss die Ueberlieferung über das Weltende umbilden, um das zu
sagen. Er hätte es auch mit einem anderen Ausdruck sagen können, wenigstens im
Rahmen von Overbecks Begriffen: Der Tod könnte ebenso die vollkommene Auflösung
des Vielen im Einen bedeuten.

Aehnlich ist in dieser Vorlesung Overbecks Feststellung, dass Jesus seine Wiederkunft voraussagte (196f.):

> Endlich kommen wir zum... Unterschied von Gott, dessen
> sich Jesus bewusst bleibt. So innig sein Bewusstsein der
> Einheit mit Gott, so wenig geht dieses über eine Einheit
> hinaus, die auf Gottes Seite auf Vaterliebe, auf Jesu
> Seite auf gottgemässer Beschaffenheit und Richtung des
> Willens beruht, also über eine moralische Einheit. Ein
> Bewusstsein göttlicher Allwissenheit hat Jesus so wenig,
> dass selbst nicht alle Geheimnisse die unmittelbar auf
> das von ihm gestiftete Reich sich beziehen ihm offenbar
> sind. Tag und Stunde der Wiederkunft des Sohnes weiss
> nur der Vater (Matth. 24, 36). Ja als Jesus einmal
> "guter Lehrer" angeredet wird, weist er diese Bezeichnung zurück mit der Bemerkung gut sei der einzige Gott
> (Marc. 10, 18). Stellen wie die leicht begreiflich von
> jeher ein um so schweres Kreuz der orthodoxen Exegese
> gewesen sind und noch sind, je einfacher sie für ein unbefangenes Gemüth sind. [15]

Dass Overbeck diese beide zusammen erwähnt - den Text zur Vollkommenheit wie
den zum Weltende - deutet schon an, wie sehr die zwei Texte für Overbeck zusammengehören. Die Vollkommenheit soll Weltende sein und umgekehrt. Die Zeit ist
weltlich, ein Aspekt des Vielen, und daher ist sie Sache des Wissens. Ihr Sinn ist
aber das Eine, Gott.

Eine wichtige Frage ist, ob "Weltende" und "Wiederkunft" aus dem Gottesbewusstsein Jesu entstehen, oder ob sie Produkte eines in ihm "ahnungsweise" tätigen gnostischen Bewusstseins sind. Beide haben mit einem Noch-nicht-Sein des Allgegenwärtigen zu tun. Die Wiederkunft ist unabänderlich mit dem Weltende verbunden:
Dass das Viele in dem Einen aufgelöst sein wird, heisst die Wiederkunft Christi im
Sinne einer Bewahrheitung seiner Lehre - so hat jedenfalls Baur die Wiederkunft
verstanden, [16] und dieses Verstehen passt sehr gut zu Overbecks Idee von der Beziehung zwischen Gott und Welt. Aber nur das Allgegenwärtige kann der Inhalt des
Gottesbewusstseins sein, daher muss Denken über ihr Noch-nicht-Sein reflektivgnostisch sein. Weder Weltende noch Wiederkunft traf ein - beide waren "nur" spekulative Begriffe, Umbildungen von aus dem Judentum überlieferten Begriffen. Mit
dem Tod könnten sich beide bewahrheiten, aber das ist wieder nur Spekulation.

Jesus fragt nicht, ob sich seine Lehre bewahrheiten wird - er ist dessen sicher.

Was er vom Tod und Weltende erwartet, kann nichts anderes sein, als was er schon hat, oder aber er kann es mit dem Tod vollkommen haben.

Wie schon vorher angedeutet, ist die Entwicklung des Christentums nach Jesus die Entwicklung einer fortschreitenden Gnostizierung der Person Jesu, und alle Gnosis oder, was ihre Bewegung bezeichnet, Reflexion kann, da sie ihren Ausgangspunkt in der Welt hat und zur Welt zurückkehrt, nur Jesu Gottesbewusstsein profanieren. Der Ausgang dieses Prozesses ist schon sichtbar: Die Geschichte hat sich so entwickelt, dass die Endlichkeit oder Weltlichkeit des kirchlich-dogmatischen Systems jetzt völlig erkennbar geworden ist und sich dadurch aufhebt; aber Jesus wird dadurch auch neu entdeckt, und eine neue Harmonie des Wissens und Glaubens kann entstehen.

Das Wissen hat auch sein "Leben". Die Philosophie, die, aus Griechenland gekommen, sich in der Kirche über Jesu Gottesbewusstsein hinweg fortsetzte, ist reflektierende Theorie über die Welt und über Gott. Diese Philosophie, schreibt Overbeck in der Vorlesung über Trinitätslehre und Christologie, wandelte Jesu reines "Heilsprincip" in ein "Weltprincip", ein "Princip der Weltentstehung" um (205, 667ff.).[17] Wie schon festgestellt, geraten Gott und Welt dadurch wieder in einen Gegensatz. Overbecks kritische Theologie kehrt nicht über diese Gegensätze zur Einheit zurück; und Overbeck in seinem jetzigen Denken des Einen und des Vielen, wie auch später in seiner Auffassung der Geschichte, steht in der lebendigen philosophischen Tradition. Overbeck ist also in seiner Art Gnostiker. Er steht nur am Ende einer Jahrhunderte langen Entwicklung der christlichen Reflexion oder Theologie.

d) Die Entwicklung bis Nicäe

1) Overbeck und die neutestamentliche Spekulation

Wenn man diese Entwicklung überblickt, ist im Auge zu halten, dass Overbecks Glauben eine Form gefunden hat, nämlich eine auf Schleiermacher begründete spekulative Auffassung von einem menschlichen Jesus. Die Beschreibung von Jesu Gottesbewusstsein ist eine Spekulation, die in Overbecks Zeit und Weltansicht "passt". Ist sich Overbeck dieser Tatsache bewusst, oder meint er, dass seine Spekulation keine Spekulation sei sondern eine Tatsache? Wenn dies der Fall wäre, hätte das Wissen recht, Overbecks Glauben auf Ideen seiner Zeit zurückzuführen und ihn so zu erklären. Wenn es Overbeck aber bewusst ist, dass er, wie die ersten Glaubenden, für seinen Glauben nur die Form seiner Zeit und Weltansicht beansprucht hat, dann muss er seine Spekulation rechtfertigen, und d.h. dem Wissen gegenüber. Mit diesem Bewusstsein müsste er dann auch erkennen, dass er im Prinzip nicht anders zu Jesus steht als die ersten Christen, im Versuch nämlich, Jesus glaubend zu begreifen.

Diese Betrachtung der in der Vorlesung über Trinitätslehre und Christologie dargestellten Entwicklung bis Nicäe wird nicht versuchen, Overbecks Theologie des Neuen Testaments darzustellen, wie sie in der Vorlesung zum Vorschein kommt. Es werden nur Elemente hervorgehoben, die für diese Zwecke hier dienlich sind.

Die Offenbarung Johannes "beruht auf der urchristlichen Erwartung einer ganz nahe bevorstehenden Wiederkehr Jesu" (236f.):

> Ihr Gegenstand ist die in Visionen nach Art des Daniel und der sonstigen apokalyptischen Litteratur gekleidete Schilderung der dieser Wiederkunft im Himmel und auf Erden vorausgehenden Ereignisse... Je überschwänglicher, gewaltiger diese Erwartung, um so gesteigerter ist natürlich auch die Vorstellung von der Person ... vom wiederkehrenden Christus.

Die Wiederkunft ist hier ein Produkt der Weltansicht der Zeit.

Die Lehre des Paulus über die künftige Vollendung versteht Overbeck als wesentlich in 1. Kor. 15 gegeben, und Overbeck schliesst seine Besprechung der Lehre von Paulus folgendermassen (320):

> Er [Christus] ist bei ihm [Paulus] ein historisches an die Zeit gebundenes vom Apostel für wesentlich menschlich angesehenes Wesen, das Gott um die Welt mit sich zu versöhnen (vgl. 2.Kor.5,19) ins Dasein gerufen hat, dass er zu diesem Zweck über alle Kreatur gehoben hat, welches aber sobald der Zweck der durch die Sünde des Menschen hervorgerufenen Entwicklung erreicht ist, vor der Allgegenwart Gottes sich wieder in die Masse der Kreatur verliert. ... Bei Paulus ist Christus noch kein metaphysisches an sich göttliches und ewig seiendes Princip.

Christus ist bei Paulus noch Erlösungsprinzip (319). Ein "Princip" ist aber spekulativ, hier ist also Spekulation über die künftige Vollendung im Dienst der Erlösung.

Im Philipperbrief, den Overbeck als mit Paulus verwandt ansieht, ist ein weiterer Fortschritt in der Richtung der Entwicklung eines Weltprinzips aus der Christus-Lehre gefunden. Hier (Phil. 2) wird ein gnostischer Mythus benützt - nämlich dass alles in der Welt einen Entwicklungsprozess durchgehen muss, in welchem die geistigen Subjekte schliesslich das verwirklichen, was sie ihrem Wesen nach sind, d.h. dass sie sich aus dem Endlichen zum Unendlichen mit Hilfe eines Vermittlers erheben. Der Erlöser ist ein himmlisches Wesen, daher ist der Doketismus schon in diesem Brief zu finden (353ff.).

Im Hebräerbrief, der auch mit Paulus verwandt ist, handelt es sich um die Aufhebung des Gegensatzes zweier verschiedener Welten, oder vielmehr um die Vollendung der durch die sichtbare Welt nur unvollkommen in Erscheinung tretenden Idealwelt. Was jetzt geschieht, um die himmlische oder Idealwelt vollkommen in Erscheinung zu bringen, kann nur von der Idealwelt selbst ausgehen. Hier findet Overbeck Aehnlichkeiten zum "alexandrischen Buch der Weisheit" (374f.).

Das Johannesevangelium überwindet den Dualismus von Gegenwart und Zukunft "in tiefsinniger Weise". Durch die Art "wie der Logos in die Welt eingegangen ist", ist schon "die Welt des Jenseits in einer ganz anderen Weise in das Diesseits eingetreten als im Hebräerbrief" (527ff.).

Die Frage ist, wiederum, ob solch spekulative Formen einer künftigen Vollendung des gegenwärtigen Heils überhaupt berechtigt sind. In einer kurzen Notiz aus dieser Zeit schrieb Overbeck,

> Wir sind durch die mit dem Christenthum gemachten Erfahrungen verschüchtert. Vielleicht wird man sich einst mutiger zu manchem Glauben bekennen, dem wir gegenüber nur skeptisch sind, z.B. dem Glauben an die Unsterblichkeit der Seele. [18]

Die Unsterblichkeit der Seele muss eine spekulative Idee sein, denn in der Einheit mit Gott ist keine Reflexion über diesen Zustand. Fromme reflektierte Ideen können aber aufgrund eines unvollkommenen Gottesbewusstseins, d.h. durch Reflexion darüber und über Gott und durch Spekulation, die von der Reflexion ausgeht, aufgestellt werden. Unsterblichkeitsglaube erwartet die Vollendung der Einheit und reflektiert über das Haben und Nicht-Haben der Einheit. Die Idee der Unsterblichkeit ist in der kritischen Zeit fragwürdig, aber Overbeck erlaubt die Möglichkeit solchen "mutigen" Glaubens. Ja, er behauptet fast, dass er an die Unsterblichkeit glaubt, und Unsterblichkeit als Einheit mit dem Ewigen ist in seinem Begriff-Schema durchaus möglich.

Es musste Overbeck bewusst sein, dass seine spekulative Auffassung von einem möglichen Unsterblichkeitsglauben, wie auch seine spekulative Auffassung von Jesus, nur eine Form der Spekulation neben anderen ist. Er kann die verschiedenen Formen miteinander nur verglichen haben, und sowohl seine Reflexion wie die der neutestamentlichen Schriftsteller haben einen gemeinsamen Boden: das Gottesbewusstsein. Die Spekulation über die künftige Vollendung des gegenwärtigen Heils ist im Prinzip der Spekulation über Jesus gleich. Damit steht Overbeck in Bezug auf Jesus nahe bei den Urchristen, d.h. auch er reflektiert über Jesus und spekuliert danach über diese Person. Overbecks Spekulation steht aber am Ende einer zweitausendjährigen Entwicklung, und seine Spekulation ist durch diese Entwicklung bedingt. Die kritische Theologie steht am Ende der Entwicklung, d.h. sie hat unterscheiden gelernt: Sie erkennt den Unterschied zwischen Spekulation über Jesus und Jesus selber. Die spekulative Dogmatik der Kirche ist nicht nur kein Hindernis mehr auf dem Weg der Rückkehr zur Urreligion sondern unterdrückt auch die Frömmigkeit nicht mehr.

Denn das, was die Rückkehr zur Urreligion erschwert, erschwert auch die Frömmigkeit - jedenfalls die Frömmigkeit Overbecks. Die Entdeckung des Gottesbewusstseins Jesu ist die Entdeckung seiner Gegenwärtigkeit in einem befreiten Gottesbewusstsein des heutigen Menschen. D. h. die Theologie darf spekulieren, aber sie muss wissen, was sie damit tut und sich entsprechend in Grenzen halten und nicht meinen, dass ihre Spekulation die absolute Wahrheit sei.

Der Ausgang dieser Vorlesung ist die Feststellung eines spekulativen Doketismus. Dieser steht am Ende eines Prozesses der Reflexion über Jesus, die mit Jesu Tod begann und in ihrem Fortgang immer mehr die überlieferte Metaphysik in sich aufnahm. Doketismus leugnet die Menschheit Jesu und nimmt Jesus völlig in die Metaphysik auf. M. a. W. die Spekulation setzte sich an die Stelle von Jesu und verkannte den Unterschied zwischen sich und ihm.

> Beruht nämlich der Doketismus schliesslich auf dem unausgleichbaren Widerspruch von Idee und Erscheinung, so haben wir gesehen, dass die Christologie der Kirche ganz auf diesen Widerspruch gebannt ist, dass sie von vornherein ausgegangen ist von einer in der historischen Person Jesu, d. h. in der Erscheinung nicht gegebenen also nicht berechtigten Uebertragung spekulativer Ideen der Zeit auf dieser Person. Hat man einmal diese Thatsache erkannt, so ist auch die Kritik der kirchlichen Trinitätslehre gegeben. Sie ist aus den historischen Elementen, aus denen sie sich gebildet, begriffen aber damit auch aufgelöst. (720)

Es scheint, dass Overbeck hier meine, nur die Tatsache von Jesu Gottesbewusstsein beschrieben und nicht in seiner Beschreibung gnostisch spekuliert zu haben. Sicher ist, dass er sich vom Doketismus trennen will. Paulus ist zwar Gnostiker, aber trotz seiner Spekulation über Jesus nur in Bezug auf das Judentum, nicht auf das Christentum, und daher ist er kein Doketist.

> Paulus ist aber nicht als Christ Gnostiker, sondern als Jude, seine Gnosis ist keine christliche sondern eine jüdische, so gut wie die des Philo. Nur als Jude, nicht als Christ, hat Paulus gnostische Interesse und nur durch das Judenthum wird mit Hilfe einer vom Christenthum dargebotenen Idee über sich selbst durch Gnosis hin aufgehoben, nicht das Christenthum. Vielmehr das gnostisch-gedeutete Judenthum des Paulus ist sein Christenthum.[19]

Also kann auch Overbeck über Christus spekuliert haben, ohne diese Spekulation für Gnosis zu halten.

Was Overbeck sagen will, ist: Die kirchliche Dogmatik gründet auf einer doketischen Idee, die ihrerseits in der Spekulation der Urkirche gründet. Jede Spekulation ist aber nur Spekulation, und die Kirche hat von Anfang an diese Tatsache unkritisch verkannt und den eigentlichen Christus durch ihre eigene Spekulation ersetzt.

Glaubt aber Overbeck, dass seine Spekulation über Jesus aus der Erscheinung gegeben sei, dass seine Spekulation qualitativ anders zu Jesus stehe als z.B. diejenige von Paulus? Oder ist sie ebenso unberechtigt? Aufgrund der Manuskripte aus dieser Zeit ist eine deutliche Antwort unmöglich, aber so viel kann man sagen: Overbecks Auffassung von Jesu Gottesbewusstsein ist das Resultat der Reflexion, also ein Produkt desselben Prozesses, der der ersten christlichen Spekulation vorausging. Aber die Kritik erkennt den Prozess; die neutestamentlichen Schriststeller haben ihn nicht erkannt.

Es wird also hier ohne sicheren Beweis festgestellt, dass Overbeck sich seiner Spekulation bewusst war, dass er sie, wie die neutestamentlichen Schriftsteller, Jesus gegenüber für ebenso unberechtigt hält. Mit seiner Spekulation unterliegt er derselben Gefahr wie die Urchristen, nämlich dass Gnostiker seine Spekulation zur Gnosis machen. Hier zeichnet sich die Notwendigkeit des Versuchs ab, sich zu verbergen. Das Wissen kann nur greifen, was für es greifbar ist, d.h. was dem weltlichen Vielen angehört. Greifbar ist gewiss auch Overbecks Spekulation.

2) Erinnerung an den historischen Jesus

Ein Problem des in Spekulationen fortschreitenden Urchristentums ist (429),

> ...wie weit diese Bewegung gehen konnte, wie weit das Selbstbewusstsein der christlichen Gemeinde von der Bedeutung des ihr durch Jesus verkündigten Heils, der Glaube an dieses Heil sich steigern konnte, ohne das Bewusstsein verlieren zu müssen, mit der ursprünglichen Offenbarung noch eins zu sein, sie nicht überschritten zu haben. An sich ist das zu Grundeliegen dieser 2 Principien, eines der Bewegung und eines des Beharrens nichts der Entwicklung der ältesten Kirche Eigenthümliches, da sie vielmehr die ganze Geschichte der Kirche beherrschen. Eigenthümlich sind der ältesten Kirche nur die Formen, in denen diese 2 Principien in ihr zu Tage traten, insbesondere aber die Wege die sie eingeschlagen um diese 2 entgegengesetzten Principien miteinander zu vermitteln.

Der "Heilige Geist" war für die Urchristen das "göttliche Princip einer fortschreitenden Erkenntnis" (429f.), und er war der Kirche von Jesus selber übergeben (232). Aufgrund des Glaubens an den Heiligen Geist konnte sich die Urkirche über den Unterschied der zwei unbewusst täuschen, d.h. meinen, es gebe keinen Unterschied. Ein Zeugnis für diese Täuschung ist die pseudoapostolische Literatur (430ff.). Damit hat die Kirche den "Unterschied der Zeiten" nicht gemerkt, aber kritisch war die Zeit sowieso nicht (436). Die Kirche setzte ihre fortgeschrittenen Ansichten in die Offenbarung unbewusst zurück (437).

Weil sich nun die Kirche des Unterschieds nicht bewusst war, distanzierte sie sich immer mehr von der evangelischen Geschichte (439f.):

> Fuhr man aber um die Uebereinstimmung mit der evangelischen Geschichte völlig unbekümmert auf dem Wege der von der historischen Ueberlieferung losgelösten Speculation über die Person Christi fort, nähert man sich immer mehr einem völligen Bruch mit der evangelischen Geschichte und gelangte nothwendigerweise zu gnostischen Ansichten und zu der damit gegebenen Auflösung der Grundüberzeugungen der christlichen Gemeinde. Wollte man durch einen festen Damm gegen diese Extreme sich schützen, so galt es an der Ueberlieferung festzuhalten und auf die Evangelien zurückzublicken. Je mehr man andererseits aber selbst über sie hinausgegangen war, um so mehr galt es sich mit ihnen, mit denen man sich eins wusste, doch im Geist der neuen Zeit wirklich in eins zu setzen, und für die höheren Anschauungen vom Christenthum und der Person seines Stifters auch in der evangelischen Geschichte endlich eine feste Grundlage zu finden. Diese schwere Aufgabe, die evangelische Geschichte im Geist der fortgeschrittenen Zeit zu reproduciren, und damit den Speculationen über die Person Christi eine Grundlage zu geben die ihnen bisher gefehlt, ist dem 4. Evangelisten zugefallen.

Damit scheint Johannes aber doch der Zeit-Unterschied bewusst gewesen zu sein, auch wenn er mit diesem Bewusstsein kein typischer Schriftsteller seiner Zeit war.

> So sehr nun auch die fortschreitende Reflexion jenen idealen Gehalt unabhängig von der historischen Person entwickelte, so konnte sie ihn doch ohne ihre Grundvoraussetzung preiszugeben nicht völlig von der Geschichte loslösen. Vielmehr je weiter die Idealisirung ging, um so mehr musste das Bedürfnis rege werden, sich mit der Geschichte wieder auseinanderzusetzen, ja in der Geschichte selbst für die Idealisirung den rechten Grund zu finden. Daher schliesslich die Entstehung dieses merkwürdigen Evangeliums... [525f.]

Die Vereinigung der zwei Seiten wurde aber nicht erreicht, sie gehen vielmehr nur "neben einander" (526).

Overbeck selber kennt keine Vereinigung des Ewigen und Zeitlichen, sondern er will sie auseinanderhalten. Vermittlung ist unmöglich, und die spekulative Auffassung von Jesus ist daher immer "unberechtigt". Overbeck macht zwar in seiner Jesus-Interpretation im Grunde dasselbe wie Johannes: Er findet in der evangelischen Geschichte den rechten Boden für seine Idealisierung Jesu im Geist seiner Zeit. Um das zu tun, muss man aber den Unterschied zwischen diesem Boden und dieser Idealisierung machen, und das ist nur aufgrund einer Erinnerung an den historischen Jesus möglich.

Overbecks Quelle für seine Besprechung der pseudoapostolischen Literatur des Neuen Testaments, wie er in der Vorlesung mehrmals andeutet, ist K. R. Köstlins Artikel in Band 10 (1851) der Theologischen Jahrbücher: "Die pseudonyme Litteratur der ältesten Kirche". Köstlin nennt das "Princip des Beharrens" die "Pietät" - ein Begriff, der von bleibender Bedeutung für Overbeck sein wird. Köstlin nennt die Pietät ein "protestantisches" Bewusstsein des normativen Charakters der apostolischen Lehre, in welchem der Geist sich gegen einseitige Subjektivität schützt und sich als Explizitmachen des im Apostolischen Impliziten versteht (181f.). Nach Köstlin bedeutet das die Kanonizität der pseudoapostolischen Schriften des Neuen Testaments (182).

In diesem Urteil zeigt sich der Hegelsche Einfluss: Das Christentum ist Prozess des expliziten Bewusstwerdens von dem in Jesu Lehre Impliziten. Overbeck unterscheidet sich von dieser Ansicht so, dass er das Explizitmachen als Explikation einer Spekulation im Urchristentum versteht, die Jesus schon immer profan auffasste. Overbeck hat diese Profanität in seiner Vorlesung demonstriert, begriffen und aufgelöst in ihre historischen Elemente. Die urkirchliche Spekulation ist unberechtigt, daher erst recht die kirchliche, die auf ihr begründet ist.

> Ist die Kirchenlehre Explication des Bewusstseins Jesu?
> Nichts weniger als das; es ist dies der Grundaberglaube
> aller Orthodoxie. Die Kirchenlehre liegt weder entwickelt
> noch unentwickelt im Bewusstsein Jesu. Sein Standpunkt
> ist vielmehr seine Negation der Kirchenlehre (Werden wie
> die Kinder, nahes Bevorstehen des Weltendes, Weltentsagung).[20]

In der Vorlesung über Trinitätslehre und Christologie sieht Overbeck die orthodoxe Tradition von der häretisch gnostischen nur durch einen "Gradunterschied" getrennt. Beide haben eine sehr ähnliche Auffassung des Christentums als Weltprinzip (669). Die Kirche war nicht pietätvoll und vergass vollkommen den Unterschied zwischen dem historischen Jesus und ihrer Spekulation.

> Ist einmal die Trinitätslehre rein als Fortsetzung früherer
> Speculation erkannt, so hat sie für die theologische Wissenschaft gar kein Interesse mehr, ist von dieser an die rein
> philosophische, oder rein historische abzugeben. Und analoges gilt von allen theologischen Disciplinen und ihren
> einzelnen Capiteln. Eine theologische Wissenschaft giebt es

> eben nur so lange als sie sich in allen ihren Verzweigungen in ihrer Eigenthümlichkeit abzuschliessen zu behaupten vermag. Dass die Möglichkeit keine absolut und ewig währende, sondern eine relative (von gewissen Verhältnissen abhängige) und vergängliche, ist gewiss.[21]

Die theologische Wissenschaft ist ein seltsames Tier, denn sie ist Spekulation im Dienst des Glaubens. Aber falls ihre Spekulation sich nicht mehr vom Wissen abzuschliessen vermag, ist sie dem Wissen freigegeben, und das ist es, was nun mit der Kirchenlehre und der Lehre des Neuen Testaments geschehen ist. Overbeck weiss aber, dass auch seine Spekulation ebenso vergänglich ist.

Die bewahrende Erinnerung der Kirche ist es, welche Overbecks eigene Entdeckung von Jesus möglich macht. Aber nicht nur das verbindet ihn mit der Kirche. Seine Spekulation, die er aus der Schleiermacher-Tradition entnommen hat, hat Begriffe, die mit gewissen Schriften des Neuen Testaments grosse Aehnlichkeit haben. Z.B. ist die "Ruhe" ein Begriff des Hebräerbriefs, die "Einheit" ist ein Thema sowohl von Paulus wie von Johannes. Die Verbindung von Overbecks Begriff der Einheit und der Ruhe mit den entsprechenden neutestamentlichen Begriffen ist äusserst wichtig. Die Einheit heisst im Neuen Testament die einende Liebe Gottes, und in der Tat ist es dieser Sinn der Einheit, der Overbecks ganzem Denken zugrunde liegt. Auch dieser neutestamentliche Begriff, wie die Ruhe, ist aber, nach Overbecks Bestimmung, spekulativ, und auf jeden Fall ist ihm platonisches Gedankengut in der Tradition hinzugefügt worden. Overbecks Begriffe sind im allgemeinen traditionelle Anleihen aus der im Christentum fortwirkenden griechischen Philosophie. Overbeck gehört einer langen Tradition der Spekulation an. Es muss seine Ansicht sein, dass die Profanität aller dieser Begriffe erst in der neuen Zeit zum Bewusstsein des Kritikers gekommen ist.

In dieser Vorlesung über Trinitätslehre und Christologie ist der Heilige Geist das "göttliche Princip fortschreitender Erkenntnis", und Overbecks Erkenntnis der Profanität der Spekulation kann selber als eine Erkenntnis aus dem Heiligen Geist verstanden werden. Der Heilige Geist ist einerseits nur ein Begriff, der auch in seine historischen Elemente aufgelöst werden kann, andererseits ist er von Jesus der Kirche übergeben. Mit diesem Begriff verstehen die Synoptiker "das Höhere in der Person Jesu constituirende Element welches das durch Jesus begonnene Werk in der von ihm begründeten Gemeinde fortsetzt" (232f.)

> Jesus sagt schon Matth. 10, 20 zu seinen Jüngern: nicht ihr werdet die Redenden sein, sondern der Geist eures Vaters welcher in euch redet. Der heilige Geist ist es denn, der die Schicksale der ältesten Gemeinde leitet, er lenkt die Apostel und ersten Verkünder des Christenthums auf ihren Reisen (u.s.w.)...[233]

Overbeck verzichtet auf "eine höhere Ausführung", weil er schon alles gesagt hat, was für die weitere Entwicklung der Vorlesung nötig ist (234).

Diese "höhere Ausführung" über den Geist wäre für die Overbeck-Interpretation äusserst wichtig, aber Overbeck gibt sie in dieser Zeit nirgends. Vermutlich ist Overbecks Meinung, dass Jesus das Gottesbewusstsein den Jüngern übergibt oder in ihnen erweckt. Damit anerkennt Overbeck, wie die Synoptiker, den Geist als göttliches Prinzip. Es ist aber unmöglich zu sagen, was Jesus gemeint hat, ohne seine Worte oder die Worte der Spekulation zu verwenden. Aber der Geist leitet, und es besteht Grund zu behaupten, dieser Geist sei auch das, was Overbecks Spekulation auf ihre "Reise" gerufen hat.

e) Mönchtum

Pfeiffer hat schon viel aus Overbecks Arbeit über das Mönchtum veröffentlicht (144 ff.). Diese Arbeit ist nicht in der Vorlesung über Trinitätslehre und Christologie zu finden, aber in Vorträgen und Notizen aus dieser Zeit. Man kann diese Arbeit leicht in Verbindung bringen mit den Resultaten der Vorlesung über Trinitätslehre und Christologie. Hier muss nur einiges daraus hervorgehoben werden, und das kann mit einem langen Zitat aus Overbecks Notizen geschehen.

> Das Mönchthum gehört zu dem, was wir die pietistischen Bewegungen in der alten Kirche nennen können, welche, wie aller Pietismus, aus dem Widerspruch von Lehre und Leben hervorgegangen sind. Je schneller die Kirche sich ausbreitete, um so bedenklicher musste dieser Widerspruch hervortreten. Auch war er längst empfunden und das Streben, die Heiligkeit der Kirche im Gleichgewicht zu erhalten mit ihrer Ausbreitung hatte schon im Montanismus, im Novatianismus sich sehr kräftiger Weise kundgegeben. In sehr kräftiger Weise aber dennoch im Wesentlichen vergebens. In der Zeit da die Kirche noch um ihre Existenz kämpfte, trat der Trieb nach äusserem Wachsthum naturgemäss in den Vordergrund und stiess jene Reformversuche von sich. Anders musste es werden, da nun die Kirche in dem Kampfe, der sie in ihren ersten 2 Jahrhunderten fast ausschliesslich beschäftigt hatte, gesiegt, den heidnischen Staat zu ihrer Anerkennung gezwungen hatte. Denn je äusserlicher, wie allbekannt dieser Sieg war, um so weniger konnte sie sich jetzt der Pflicht entziehen, zu einem ernsten Rückblick, zu einer selbst prüfenden Vergleichung ihrer Gegenwart und ihrer Anfänge. Sie konnte jetzt nicht mehr wohl einen Versuch, sie ihrem ur-

> sprünglichen Ideal wieder näher zu bringen, einfach
> von sich weisen. Sie musste sich irgendwie über den
> Contrast, den jene Vergleichung ergab, zu beruhigen
> suchen, und es tat sich ihr das Mittel dazu im Mönch-
> thum. Denn tiefer als in diesem hat man damals diesen
> Contrast nicht empfunden. In dieser seiner wahren
> Empfindung liegt das historische Recht des Mönchthums.
> Die ältesten Mönche haben das Bewusstsein zur Rein-
> heit und Heiligkeit der ältesten Christen zurückzukeh-
> ren. Antonius fasst den ersten Entschluss zu seinem
> anachoretischen Leben, als er von den Aposteln hörte,
> die auf Christi Ruf ihre Netze liessen und ihm folgten,
> v... ..u ältesten Christen, die ihren Besitz zu den
> ...ssen der Apostel niederlegten. Konnten sie auch an
> Christus selbst nicht ein Vorbild ihres asketischen
> Lebens ansprechen, so hielten sie sich doch an alle
> seine zur Entsagung der Welt auffordernden Worte.
> ... Der Sieg der Kirche ganz anders geartet als
> ihrem Ideal entsprach. Sie musste sich mit äusser-
> ster Kraftanstrengung in sich selbst zusammenfassen,
> um nicht unterzugehen. Daher Entstehung einer Kirche
> in der Kirche, das Mönchthum. Heidnische Gesinnung,
> obwohl das Heidenthum daimonisch. [22]

Die Verkennung des Unterschieds der Zeiten ist unmöglich geworden, die Mönche sind sich ihrer Entfernung vom Urchristentum bewusst. Einen Unterschied aber verkennen sie. Sie stellen das Ideal des Urchristentums als Vorstellung auf und versuchen diese mit Weltentsagung zu erreichen, und damit verwechseln sie eine Idee mit der Wirklichkeit des Gottesbewusstseins. "Ein Stück Welt", der Mönch selber, blieb noch im Bewusstsein.[23] Diesem Fehler unterliegt die ganze Kirchenlehre. Und wegen einer angestrebten Ueberlegenheit dem normalen Christen des römischen Reiches gegenüber ist eine Kirche von Heiligen innerhalb der weltlichen Kirche aufgewachsen - das ist die heidnische Gesinnung.

> Askese, dasjenige Gebiet der Moral, auf dem sich am
> wenigsten absolute Regeln geben lassen, das höchst
> persönlich ist, was aber das Mönchthum völlig verkennt.[24]

Es ist daran zu erinnern, dass Jesus der Welt entsagte, aber nicht durch Anstrengung sondern durch das Gottesbewusstsein allein.

Anmerkungen zu Kapitel 4

1) Literarisches Centralblatt für Deutschland 1865, Sp. 197.
2) Ebenda, 1866, Sp. 163.
3) A 108, "Vorlesungen über Trinitätslehre und Christologie bis zum nicänischen Concil", Jena, 1865/1866, S. v. ff.
4) A 272
5) A 108, "Vorlesungen über Trinitätslehre u. s. w.", viii.
6) Ebenda, vi.
7) Die christliche Lehre von der Dreieinigkeit und Menschwerdung Gottes in ihrer geschichtlichen Entwicklung (Tübingen, 1841-1843).
8) A 108, "Vorlesungen über Trinitätslehre u. s. w.", vii.
9) Zur Overbecks Idee der Objektivität zu dieser Zeit: A 232, "Objektivität (Vermischtes)", §1, 1ff., wo Overbeck, um "die gewöhnliche falschverstandene Forderung der Objektivität der Darstellung der Dinge in der Wissenschaft" zu widerlegen, aus Goethes Vorwort zu der Farbenlehre (Sämmtliche Werke der Ausgabe in 40 Bde., Bd. 37, S. xv) zitiert: "Das blosse Anblicken einer Sache kann uns nicht fördern. Jedes Ansehen geht über in ein Betrachten, jedes Betrachten in ein Sinnen, jedes Sinnen in ein Verknüpfen, und so kann man sagen, dass wir schon bei jedem aufmerksamen Blick in die Welt theorisiren..." Dazu schreibt dann Overbeck: "Hiernach beruht es vollständig auf Illusion, wenn man von einer wissenschaftlichen Darstellung der Dinge rein descriptiven Charakter fordert."
10) Die christliche Lehre von der Dreieinigkeit u. s. w. (Tübingen, 1841-1843), I, 88. Das Christenthum und die christliche Kirche der drei ersten Jahrhunderte (Tübingen, 1853), 21ff. Vorlesungen über neutestamentliche Theologie (Leipzig, 1864), 45ff.
11) A 272
12) A 272
13) A 224, "Gnosticismus und Christentum", §2, 1f. R. A. Lipsius, Der Gnosticismus, sein Wesen, Ursprung und Entwicklungsgang (Leipzig, 1860).
14) A 272; siehe CK, 43.
15) Zum Spruch über die Vollkommenheit schreibt Overbeck (A 207, "Matthäus 19, 16.17", §2, 1): "Nach Weizsäcker, Evangelische Geschichte [1864] S. 462 hat diese Aeusserung 'gar nichts mit dem Selbstbewusstsein Jesu zu tun', sondern ist lediglich ein 'Tadel des rabbinischen Titels'. Das ist ganz richtig, nur muss man das Selbstbewusstsein Jesu nicht so denken, dass ein Conflikt mit dieser Stelle unvermeidlich ist."

16) F.C. Baur, Vorlesungen über neutestamentliche Theologie (Leipzig, 1864), 109 ff. Für Overbeck ist der Auferstehungsglaube psychologisch erklärt: A 102, Vorlesung, Geschichte des apostolischen Zeitalters, 1867, 123f.

17) Vgl. F.C. Baur, Das Christenthum und die christliche Kirche der drei ersten Jahrhunderte (Tübingen, 1853), 159.

18) A 272

19) A 395, Randnotiz zu Overbecks Exemplar von R.A. Lipsius, Der Gnosticismus u.s.w. (Leipzig, 1860), 21.

20) A 272

21) Ebenda

22) A 76, Vortrag "Ueber die Anfänge des Mönchthums",1864, von einem beigelegten Blatt.

23) A 77, Vortrag "Ueber die Anfänge des Mönchthums",1867, S. 60. Siehe Pfeiffer, 150.

24) A 255,"Mönchthum", von einem beigelegten Blatt.

Kapitel 5. Die Antrittsvorlesung in Basel

Diese Vorlesung (vgl. Pfeiffer, 168ff.) heisst, was nicht überraschen wird: "Ueber Entstehung und Recht einer rein historischen Betrachtung der neutestamentlichen Schriften in der Theologie" (1871 in Basel gedruckt). Am Anfang stellt sich Overbeck dem Widerstand gegen die historische Kritik, der von den Konservativen geleistet wird. Die Aufgabe der Kritik, schreibt Overbeck, ist nicht willkürlich entstanden sondern der Theologie "durch die Jahrhunderte hinab gleichsam zugerollt" (3f.). Sein Plädoyer geht dann weiter (4f.):

> In allen Zeitaltern der Kirche hat man klagend zurückgeblickt auf die verlorene Einfalt ihrer ersten Tage, die Verderbnis der Gegenwart scheltend, und es ist diese Klage zu Zeiten fast die einzige Form gewesen, in welche sich ein Bewusstsein vom historischen Wesen des Christenthums noch geborgen hat. Doch auch strenger genommen, können wir die Aufgabe eines historischen Verständnisses des Christenthums nicht in ihrer vollen Allgemeinheit und in jedem Sinne als eine ganz neue, in modernen Zeiten überhaupt erst angefasst betrachten. Gewisse Perioden des Mittelalters etwa ausgenommen, hat in der Kirche niemals auch ein wissenschaftliches Bewusstsein über das historische Wesen des Christenthums gefehlt, das Bewusstsein, dass unser Wissen vom Christenthum auf Ueberlieferung beruht, diese Ueberlieferung selbst Veränderungen in der Zeit unterworfen ist, also auf ihre ältesten Bestandtheile hin geprüft werden muss, welche dann für sich und aus dem für sie maassgebenden Bildungskreise verstanden werden müsse. Allein gewiss ist, dass dieses Bewusstsein bis in die Gegenwart hinein nur in der grössten Verdunkelung bestanden hat, und dass allerdings die Aufgabe einer historischen Untersuchung der ältesten Urkunden des Christenthums, wenn auch an sich selbst nicht neu, doch erst neuerdings sich in klarer Schärfe erfassen liess und heute unter stark veränderten Bedingungen bearbeitet wird.

Die neue Kritik sieht also aus wie eine pietistische Bewegung, und das ist sie auch. Aber sie ist, nachdem Overbeck das Christentum aufgehoben hat, nicht die weltlichbeschränkte christliche Pietät der Kirche sondern religiöse Pietät, die aufgrund der klagenden Erinnerung der Kirche den Zugang zu Jesus und zur Urreligion findet. Overbecks Erinnerung ist aufgeklärt.

> Bei diesen Männern [Irenaeus, Clemens von Alexandrien, Tertullian] treten uns freilich die Grundlagen der tradi-

> tionell gewordenen Anschauung von der ältesten Geschichte der Kirche deutlich schon alle fertig entgegen, aber zugleich auch die Thatsache eines fast völligen Mangels jedes historischen Bewusstseins über die Urzeit der Kirche... Unverkennbar liegen uns vor - schon hier mit dem Anspruch allein wahrer Kirchenlehre herrschend - die Grundannahmen der kirchlichen Anschauung von der Person Christi... [6]

Die gnostizierenden Bewegungen der nachapostolischen Zeit hatten ihre Arbeit getan: Die historische Erinnerung wurde ganz abgeschwächt, dafür aber wurde der dogmatische Bau fertig aufgestellt. Sie haben einen neutestamentlichen Kanon aber kein klares historisches Bewusstsein von dessen Entstehung (7). Dementsprechend ist ihr Verständnis des Textes durch Allegorie hergestellt (7). Ihre "rein moralische Weltansicht" blockiert jedes Verständnis für Paulus (8). Sie legen "Begriffe eines durchaus anderen Bildungskreises in die des ersten Christentums hinein" (9). Man suchte den "tieferen Schriftsinn" herauszufinden; Clemens von Alexandrien findet Platon überall im Neuen und Alten Testament, und ihm ist Plato "eine fast eben so reine Quelle der Erkenntnis und der Erbauung" wie die Bibel (9).

Overbeck kann dem Allen nur kritisch gegenüberstehen: Zwar kommt hier die fortschreitende Erkenntnis zu ihrem Recht, zugleich aber ist das Beharren auf der Tatsache der Offenbarung so gut wie unmöglich geworden. Overbeck selber sucht den tieferen Schriftsinn, den Geist unter dem Buchstaben, aber er weiss seine Begriffe, d. h. seine Idee dieses Sinns, vom Urchristentum zu unterscheiden, und nur mit diesem kritischen Bewusstsein kann er seine Erkenntnis von Jesu Gottesbewusstsein von der reinen Allegorie abheben.

> Auf diesem Standpunkt schwindet die Grundbedingung eines historischen Verständnisses der Urzeit des Christenthums immer mehr: ihre Unterscheidung von der jeweiligen Gegenwart. Vielmehr je weiter sich Lehre und Verfassung der Kirche von ihren Anfängen entfernen, um so mehr tritt das Wissen von dieser Entwicklung zurück, um so weniger weiss man davon, dass was ist geworden und ursprünglich nicht gewesen ist. [12]

Das Resultat war das blinde Erbe des rein Traditionellen im Mittelalter.

> Endlich schlug die Stunde der Erlösung als die Heroen der Reformation den Wahn von Jahrhunderten fahren liessen und sich auf die Schrift selbst stellten. Damit war der Schritt geschehen, der überhaupt die allmählich ganz verschwundene Möglichkeit eines Verständnisses der Schrift erst wieder schuf. [15]

Das "dichte und unabsehbare Gestrüpp" der Tradition konnte aber nicht "auf einen Schlag fallen", und vieles aus der Tradition blieb für die Schriftauslegung massgebend (15). Die Reformation war sowieso kein rein wissenschaftlicher Versuch, obschon sie "unzertrennlich mit der Wiederherstellung der wissenschaftlichen Bedingungen" einer wissenschaftlichen Ergründung der Schrift verbunden ist; Luther z. B. schreibt seine Erklärung des Galaterbriefs aus dem religiösen Trieb der Reformation wie ein "Dichter" (16). Die "rechte Harmonie des wissenschaftlichen und religiösen Elements" wurde also in der Reformation nicht gefunden (17).

Nach den "Entwicklungskrankheiten" der Orthodoxie und des Rationalismus (17ff.) kommt die historische Kritik endlich zu ihrem Recht (21):

> Ein innerlicheres Empfinden in Dingen des frommen Glaubens, eine enorm erweiterte Welt- und Geschichtserkenntnis, der gewaltige allgemeine Fortschritt der historischen Wissenschaften haben freilich auch die historische Theologie weiter gebracht und sie überhaupt endlich erst auf den Boden der Frage nach der historischen Entstehung des Christenthums und seiner ältesten Urkunden gestellt, ihr überhaupt die Beantwortung dieser Frage erst möglich gemacht durch eine tiefere Betrachtung der genannten Objecte selbst, und nicht durch äussere Anlegung einer rationellen Dogmatik an sie.

Es ist also nicht nur der Fortschritt der Wissenschaft, der zum Ziel führt, sondern auch die innerlichere religiöse Empfindung. Diese zieht sich von Vermischungen mit der Wissenschaft zurück, damit beide das sein können, was sie im Prinzip schon immer waren. Religion und Wissenschaft haben je ihr eigenes Gebiet.

Der Endpunkt der Entwicklung, worin die historische Betrachtung der neutestamentlichen Schriften zu ihrem Recht gelangt, ist F. C. Baur (22).

Die kritische Behandlung der Anfänge des Christentums hat aber nicht allein "Bürgerrecht" im Protestantismus, obwohl ihre Behandlung dieser Anfänge das einzig konsequente ist; es gibt "eine Gemeinschaft der Probleme", die alle protestantischen Theologen verbindet, welches auch die einzelnen Anschauungen sind (31). Diese Probleme lassen sich nicht in der Theologie wie Probleme in anderen Wissenschaften lösen, denn Theologie ist keine reine Wissenschaft, und ihre Lösungen sind dementsprechend nicht rein wissenschaftlich (32):

> Weder rein religiösen noch rein wissenschaftlichen Interessen dienend, arbeitet sie an der moralischen Aufgabe, die innere Harmonie zwischen unserem Glauben und unserem wissenschaftlichen Bewusstsein herzustellen.

"Unser Glaube" heisst aber nicht christlicher Glaube, sondern Glaube des Menschen, das religiöse Verhältnis oder das Gottesbewusstsein. Das Christentum ist eine Form dieses Glaubens, aber das Problem ist nun, eine der neuen Wissenschaft angepasste Form zu finden. Eine Harmonie zwischen den beiden ist herzustellen - das ist die

Aufgabe, an der Overbeck schliesslich arbeitet. Overbeck kann sich zur Lösung der "Gemeinschaft der Probleme" - diese sind nicht näher bestimmt - mit ganzem Herzen verpflichten, denn Christentum ist auch Religion, und die Probleme, die ihr in der Welt begegnen, sind im Grunde die Probleme der Religion in der Welt. Overbecks neue kritische Theologie wird aber diese Probleme viel besser lösen können und darum zur Voraussetzung einer neuen Ordnung der Beziehung von Religion und Wissenschaft wie auch von Religion und Kultur überhaupt werden. Auch dieser Gedanke - er ist im 19. Jahrhundert nicht ungewöhnlich - spielt für Overbeck in der Vision seiner Aufgabe mit.

Am Ende der Vorlesung gibt Overbeck zu, dass die Kritik die historischen Voraussetzungen des ältesten Protestantismus "verschiebt", dass sie dadurch notwendig "den Verdacht gegen sich habe, dem Protestantismus feindselig zu sein". Dazu weist er auf die Tatsache hin, dass es zum Wesen des ersten Protestantismus gehörte, sich "auf die freieste Wissenschaft seiner Zeit" zu berufen. Dies jetzt zu unterdrücken würde die Haltung der katholischen Kirche gegen den Protestantismus wiederholen, mit demselben verhängnisvollen Ausgang für den Unterdrücker. Denn die katholische Kirche schloss sich in Dogmen von der "unendlichen alles Leben der Erde umfassenden Aufgabe, die sie sich zuspricht", ab, um schliesslich in diesen Dogmen "zu verdorren". Dieses Ende dem Protestantismus zu ersparen ist die "beste protestantische Bestimmung" der Kritik (33f.).

Die Alternativen sind Overbeck klar: entweder Fortschritt zu einer neuen, das Christentum aufhebenden Harmonie, oder Gefangenschaft in der Vergänglichkeit.

> ...wer in ihrem [der Bibelkritik] Sinne arbeitet, wird am wenigsten in seiner Arbeit irre zu machen sein, so lange er zum Protestantismus noch ein moralisches Verhältniss hat, so lange in ihm noch lebendig ist die Erinnerung an die unschätzbaren Güter reineren Glaubens und tieferer Erkenntnis, die wir ihm und seinen ersten streitbaren Bekennern verdanken. [34]

Durch die Reformation ist die Erinnerung der heutigen Kritik möglich gemacht worden. Zu achten ist auf den Unterschied zwischen Glauben und Erkenntnis. Dieser Glaube kann nur die Frömmigkeit im Schleiermacherschen Sinn sein, und die Erkenntnis ist das, was aus der Reflexion über den Glauben resultiert.

Kapitel 6. Die Formfrage

Es wurde bereits darauf hingewiesen, dass die für Overbeck entscheidende Frage nach der Form offenbar schon in seiner Leipzig-Jenaer Zeit gestellt wurde. Es wurde weiter festgestellt, dass diese Frage eine logische Stellung in seinem Verständnis der Theologie als Kritik hat. Form ist notwendigerweise weltlich, ein Phänomen des weltlichen Vielen. Form selbst ist aber ein spekulativer Begriff, und mit ihm versucht Overbeck ein bestimmtes Problem zu denken, nämlich das Mysterium der Offenbarung. Die Offenbarung ist in der Welt für die Menschen.

Mit spekulativen Begriffen versucht Overbeck das Göttliche in Jesus zu denken. Jesus ist eins mit Gott, so dass er nicht über diese Einheit reflektiert. Er gibt dieser Einheit nur im Ausdruck "Sohn Gottes" Form, und er gibt dem Reich Gottes Form aufgrund dieser Einheit. In der Leipzig-Jenaer Zeit glaubt also Overbeck, durch die Erinnerung der historischen Kritik könne Jesus der Erkenntnis neu erschlossen werden. Er kann die Spekulation vom Neuen Testament abstreifen und aufgrund der Worte des historischen Jesu im Prinzip wie die ersten Apostel über die Offenbarung reflektieren und spekulieren. Diese Fähigkeit ist das Resultat eines zweitausendjährigen Prozesses einer immer mit der Zeit, d. h. im immer sich verändernden Vielen, fortschreitenden Erkenntnis. Den Grund dieses Prozesses, das Bleibende und Ewige, aus welchem die Erkenntnis durch die wechselnden Weltansichten der Geschichte denkt und spekuliert, kann man den Heiligen Geist nennen. Er ist die einende Einheit, das Gottesbewusstsein.

Die religiösen Menschen haben diesen Geist nur unvollkommen. Hätten sie ihn wie Jesus, würden sie nichts von Gott wissen wollen, sie würden Gott haben. Der Mensch kann Gott nicht durch Wissenschaft haben, er muss das Beste aus seiner Lage in der Welt machen, d. h. er reflektiert und spekuliert aus dem Geist, er gibt der Religion dadurch eine weltliche Form. Nur das von Gott eingeführte Weltende kann diesen Zustand aufheben und den Menschen zu reinem Geist machen.

Schon in Jena begann Overbeck mit der Arbeit an der Vorlesung (1870 in Basel gehalten), in welcher er das Problem der Formen zum ersten Mal thematisch berührt. Die Vorlesung, "Christliche Litteraturgeschichte bis Eusebius von Caearea" (A 103), hat Martin Tetz unter dem Aspekt der Formfrage schon behandelt.[1] Hier ist nur folgendes hervorzuheben: Clemens von Alexandrien "ringt um passende Form" für seine gnostische Schrift, die Stromateis (320). Er will die christliche Wahrheit vor der profanen Gnosis, vor "wissensstolzen Kritikern" schützen (314f.). Clemens ist sich bewusst, dass die Gnosis das greifbar macht, was in der Gnosis eigentlich nie zu greifen ist.

Schon in dieser Vorlesung von 1870 ist das Problem des "idealen Publicums" erwähnt, "an welches jedes eigentliche Litteraturwerk sich wendet" (292). Overbeck wird diese Idee später in seinem Aufsatz von 1882 "Ueber die Anfänge der patristischen Litteratur" erklären. Das ideale Publikum, das Publikum einer Kultur im allgemeinen, hört auf eine literarische Arbeit, nur weil darin etwas gesagt wird, wofür es Interesse hat. Interessant findet es aber, was in den Formen seiner Kultur gesagt wird. Das Publikum von Clemens war das griechisch gebildete, und die Form, die zu ihm passte oder die seine Form war, war hauptsächlich die überlieferte philosophische. Die Kultur hatte ihre Form durch die griechische Wissenschaft.[2]

Schon in dieser Vorlesung von 1870 ist die Form einer Literatur "das Resultat ihrer Entstehung" (18). Bei Clemens entsteht sie mitten in einer geformten Welt, und sie entsteht in der dem Leser passenden Form.

Clemens ist Gnostiker griechischer Bildung, und Overbeck ist Wissender seiner Zeit. Soweit beide sich entscheiden, im Sinn ihrer Kulturen gebildet zu sein, und das sind sie schon immer, müssen sie versuchen, eine passende Form für den Glauben zu finden.

Sehr wichtig ist, dass Overbeck wie Clemens in einer lebendigen philosophischen Tradition steht. Wie Overbeck mehrmals in seiner Vorlesung über Trinitätslehre und Christologie schreibt, hat sich die philosophische Spekulation, die in Griechenland ihren Ursprung hatte, im Christentum nur fortgesetzt. Diese Ueberlieferung verbindet auch Overbeck und Clemens - sie ist die Grundform der westlichen Kultur.

Overbeck benützt die Sprache der überlieferten Philosophie, um seiner Idee von der Religion Ausdruck zu geben. Das Formlos-Unbegreifbare ist das Unendliche, das Ewige, das Unvergängliche, das Allgegenwärtige und das Eine. All dies gibt dem Formlosen Form - wie auch der Begriff des "Gottesbewusstseins", oder, was dasselbe ist, alle sind Begriffe, und daher sind sie für die "wissensstolzen Kritiker" zugänglich und greifbar.

Jesu eigene Sprache vom "Vater" ist schon eine weltliche Form, die auch den Wissensstolzen greifbar ist. Aber "Vater" ist ein Beziehungswort, es weist hin. Das Wissen fragt, wer oder was ist der Vater? Overbeck wagt eine Antwort, die nicht von Jesus gegeben ist - aber Overbeck gibt seine Weltlichkeit zu. Er will das Ewige vom Zeitlichen trennen, hat aber schon durch die Feststellung des Gegensatzes seine Weltlichkeit behauptet. Zweifellos will er mit seinen Gottworten, wie Jesus, schliesslich nur hinweisen, aber dazu sind sie nicht geeignet. Sie sind Worte der Spekulation. Damit ist aber das Motiv für Verborgenheit gegeben.

Was stellt die unreflektierte Ruhe und den Frieden des Reiches her? Um diese Frage zu beantworten, kann man nur auf Jesus schauen mit der ähnlichen Frage: was stellte Jesu religiöses Genie her? Die Antwort kann eigentlich nur "Gott" sein. Wäre der Agent dieser Ruhe nicht Gott, so müsste Jesus selber durch seine Selbstbehauptung "Gott" für sich geschaffen haben. Jesus war aber in Beziehung zu Gott passiv; er stellte "Gott" nicht her, vielmehr wurde er durch "Gott" hergestellt - wie man auch diesen "Gott" verstehen will. Gott machte sich für Jesus zur mächtigen, Welt überwindenden Wirklichkeit. Man muss nicht behaupten, dass Gott zuerst einen Beschluss fasste, sich zu offenbaren. Man kann sagen, es geschah einfach, dass

"Gott" für Jesus zur mächtigen Wirklichkeit wurde. Erst aber dort, wo Gott die mächtige, Welt überwindende Wirklichkeit wird, ist das Himmelreich zur Wirklichkeit gemacht.

Die unreflektierte Sprache Jesu, die aus seiner Beziehung zu Gott entsteht, macht sowohl diese Sprache wie Jesus und Gott zu den geheimnisvollsten Formen, die es gibt. Alle andere Rede des Menschen über diese ist reflektiv-spekulativ. Die nächste grundlegende Entscheidung Overbecks - und sie wurde vielleicht schon in der Leipziger Zeit gefasst - wird sein, den theologischen Versuch, Jesus zu begreifen, preiszugeben in der Erkenntnis, dass solche Versuche einerseits die Sache nur verfälschen, andererseits die Sache den Wissensstolzen übergeben.

Anmerkungen zu Kapitel 6

1) "Altchristliche Literaturgeschichte - Patrologie", Theologische Rundschau 1967, 1-42.

2) Ueber die Anfänge der patristischen Literatur (Darmstadt, 1966), 45. Siehe Emmelius, 164ff.

Kapitel 7. Overbeck und Richard Rothe

a) Richard Rothe

Der alte Overbeck schrieb über Rothe,

> Er ist, was mein Urtheil anbetrifft, jedenfalls der einzige von mir (wenigstens vermittelst seiner Schriften) erlebte Theologe, der mir persönlich imponirt, auf mich persönlich anziehend gewirkt und mich durch sich für seine Sache eingenommen hat. Sonst, d.h. im unmittelbaren Verkehr, sind mir andere, die es ihm gleich gethan, vollends nicht vorgekommen. Insofern bedauere ich dem Gedanken, dem ich im Frühjahr 1857 nachgegangen, mich ihm als Lehrer durch Fortsetzung meiner Studien in Heidelberg persönlich zu nähern, keine Folge gegeben habe [sic.zu haben][1]

Rothes Hauptwerk ist seine Theologische Ethik. Die erste Ausgabe erschien 1845-1848 in Wittenberg, die zweite völlig neu ausgearbeitete Ausgabe 1869-1871. Daher ist die erste Ausgabe hier in Betracht zu ziehen, und für unsere Zwecke nur der erste Band.[2]

Nach Rothe setzt die Theologie die Frömmigkeit und das Gottesbewusstsein voraus und ist dadurch unmittelbar, ihres Objektes, nämlich Gott, gewiss (15f.). Frömmigkeit ist Sache des ganzen Menschen und schreitet daher zum religiösen Denken fort. Die erste Stufe dieses Denkens ist Reflexion, die zweite und zugleich höchste die Spekulation (19). Der Reflexion muss das Objekt gegeben werden, und sie denkt darüber nach. Spekulation hingegen ist konstruktiv, sie erzeugt sich selbst ihre Gedanken und baut ein logisches System auf (7). Es liegt im unmittelbaren religiösen Interesse der Frömmigkeit, zu dieser Spekulation fortzuschreiten (20). Es ist darauf zu achten, dass Rothe Clemens von Alexandrien als Vorgänger seines eigenen Verständnisses der theologischen Spekulation ansieht (20).

Die Kirche steht nicht isoliert von der Wissenschaft und der Bildung ihrer Zeit da. Gebildete gehören zur Kirche und fordern die Lösung der Probleme der Bildung vom Standpunkt der Frömmigkeit (30). Die Gemeinschaft fordert die Spekulation, damit Verständigung erreicht werden kann (21). Die Theologie bleibt unter der Autorität des Kanons, welcher den authentischen Ausdruck des christlich frommen Bewusstseins in Reinheit und Fülle darstellt (26f.). Aber Rothe ist der Ansicht, dass das geistige Leben heute nicht dem Christentum fremd sondern ein Erzeugnis des Christentums ist (37).

Die kirchliche Dogmatik ist das Resultat erfolgreicher, in die allgemeine Ueberzeugung der religiösen Gemeinschaft übergehender Spekulation (28). Wenn aber die Dogmatik die Gemeinschaft wissenschaftlich nicht mehr befriedigt, regt sich das Bedürfnis einer spekulativen Theologie neben der Dogmatik, und solche Spekulation ist ein Zeichen der Wiederauflösung der Kirche. Entwicklung und Auflösung gehören mit zur Normalität des Zustandes der Kirche. Keine Form der Kirche ist die vollendete Form der christlichen Gemeinde (24ff.).

Rothes spekulatives System versucht, die Philosophie seiner Zeit für die Frömmigkeit umzubilden. Wichtig ist hier nur die Grundlage dieses Systems. Gott ist Leben oder die Einheit von Werden und Sein (55), das Alles und Eins (69). Er setzt einen Gegensatz zu sich erst mit der Schöpfung (85f., 126). Dieser Gegensatz umfasst einerseits die Einheit Gottes, andererseits die Vielheit der Kreatur (130). Die Kreatur ist die Welt, und sie ist endlich und begrenzt. Als Gottes adäquaten Gegensatz, muss sie aber auch unendlich sein, und das ist sie in ihrer unendlichen Vielheit (95f.). Die Welt der Kreatur ist nicht, wie Gott, ruhend, unverändert, gleich bleibend, sondern Entwicklung (114). Wo Gott keine Veränderlichkeit erlebt, ist Veränderung eine Qualität der Welt (105f.). Sie ist veränderlich, weil sie in der Zeit ist (130). Sie ist ein ständiger Wechsel von Entstehen und Vergehen (113). Gott kann seinen Gegensatz nicht dulden, denn mit ihm ist er nicht mehr absolut (86). Es besteht in ihm die Notwendigkeit, durch Selbstmitteilung sich mit der Welt zu vereinigen (90). Diese Selbstmitteilung ist die Liebe (90). Der Prozess der Schöpfung ist die kreatürliche Person-Werdung Gottes (98). In dieser Vereinigung bleiben Gott und Welt unterschieden; ihre Vereinigung ist das "In Einander" der Liebe (95ff., 104). In dieser Erfahrung glauben alle an das Ineinandersein der Geister, und hier kann eine unendliche Zahl ineinander sein (96f.). Das Ziel der Schöpfung ist der Zustand, worin Gott als Geist oder als Person sein Sein völlig in der Welt hat. Dies wird sowohl vollendet als nicht vollendet: vollendet, indem das Ziel "irgendeinmal erreicht" ist, nicht vollendet, weil die Endlichkeit der Welt inkommensurabel mit dem Sein Gottes ist (99). Der Weg zum Ziel ist das Sich-Aufheben der Welt in die geistige Welt durch einen sittlichen Prozess (113).

Die Liebe allein ist das wahrhaft Beglückende (338). Sie ist ein gegenseitiges Durchdringen (387), und in ihr sind alle miteinander eins (417). Die Liebesbeziehung ist sittlich, und die Familie ist die ursprünglichste Form und der engste Kreis der sittlichen Gemeinschaft (423). Sie ist die Naturvoraussetzung für alle besonderen sittlichen Gemeinschaften (420). Die kindliche Pietät ist die natürliche Grundtugend; nur aus ihr entsteht die Möglichkeit der Erziehung (310).

Es werden hier die anderen zwei Hauptwerke Rothes nur sehr kurz erwähnt, nicht etwa, weil sie weniger Bedeutung hätten, sondern weil ihre Besprechung zu weit führen würde.

Im Buch Die Anfänge der christlichen Kirche und ihrer Verfassung (Wittenberg, 1837) anerkennt Rothe den christlichen Glauben als rein innerlich (2). Diese Innerlichkeit musste sich aber eine Aeusserlichkeit geben, sonst wäre sie mit der Zeit ausgestorben (4). Das, was ihr äusserlich ist, ist ihr auch fremd (49). Das Aeusserliche ist die Welt, und der Versuch des Glaubens ist, die Welt zu erobern (51). In diesem Prozess gibt die Kirche schliesslich ihre Existenz auf, da sie mit der Eroberung der Welt mit der Welt identisch sein wird (50ff.).

Rothes Zur Dogmatik (Gotha, 1863) ist eine Neubearbeitung einiger von ihm früher veröffentlichter Schriften. Daraus wird nur dieses entnommen:

> Die Offenbarung ist freilich die nothwendige Voraussetzung der subjectiven Religion. Denn anderes als kraft der Anregung durch eine äussere Objectivität vollzieht das menschliche Bewusstsein sich nicht als Gottesbewusstsein, und diese äussere Objectivität ist eben die Offenbarung, sei es nun die natürliche oder die übernatürliche.
> [3]

Etwas aus diesem Buch wird noch in Overbecks erster Zeit in Basel sehr wichtig werden, nämlich das Verstehen der Sprache des Neuen Testaments als Symbol (4). Diese Sprache ist für Rothe qualitativ anders als die der spekulierenden Theologie.

In Overbecks "Kirchenlexicon"[3] sind zwei Reihen von Zitaten aus Rothes Artikel in Band 5 (1864) der Allgemeinen kirchlichen Zeitschrift, "Zur Debatte über den Protestantenverein". (Die im Folgenden angegebenen Seitenzahlen entsprechen Rothes Artikel.) Hier wird nur in einer Zusammenfassung wiedergegeben, was Overbeck für sich kopierte.

Eine Umgestaltung des Christentums heisst nicht seine Abschaffung, und eine Umgiessung aus seiner überlieferten Form in eine neue Fassung ist in der Reformation geschehen und kann wieder nötig sein (298). Das Christentum ist das Werk Christi; er führt es seiner endlichen Vollendung entgegen. Es liegt im Begriff seines Werkes, dass das Christentum nicht so bleibt, wie es ist. Weil Christus fortwährend geschichtliche Wirkungen auf die Welt ausübt, wird das Christentum notwendig fortwährend anders; es kann nicht bleiben, wie es in irgendeinem geschichtlichen Moment ist (299). In der modernen Christlichkeit ist ein Neues an Stelle des Alten gesetzt. Die Kontinuität dieser zwei ist schwierig zu erkennen, doch erkennbar (300f.)

Das Obige kopierte Overbeck unter seinem Titel "Christenthum(Entwicklung)". Was folgt, wurde unter dem Titel "Christenthum(Gegenwart) Entzweiung" kopiert.

Die moderne Moralität verdankt sich den Auswirkungen Jesu, und in diesem Sinn ist die Geschichte seit Jesus eine christliche (301). Das stimmt, obschon viele die Geschichte in eine christlich-kirchliche und eine profane aufteilen und die christlich-kirchliche in einem Prozess der Auflösung sehen wollen (302). Der Strom der geschichtlichen Wirksamkeit des Christentums hat sich nur ein neues Bett gegraben, schon längst vorbereitet, nämlich das sittliche oder staatliche. Also nicht aus dem alten Griechenland kommt die neue Moralität. Diese ist wesentlich protestantisch, ein Erzeugnis der Reformation in ihrem Zusammenwirken mit dem weltlichen Kulturleben (303). Aber der Prozess, durch den Gott die "übersinnlichen Dinge" schafft, ist schon immer moralisch gewesen. Nirgends sonst wird der Himmel gemacht als auf der Erde, durch den Prozess des Werdens, der ein übersinnliches Ziel hat

(304). Die moralische Gemeinschaft, welche die Menschen gebaut haben, entspricht dem Herrn und bieten ihm die Möglichkeit für seine geschichtliche Wirksamkeit zur Herbeiführung dessen, was er will (305). Diese Gemeinschaft ist der moderne Staat mit allem, was er einschliesst: Familie, Kunstleben, Wissenschaft, bürgerliches Leben, Gesellschaft. Dieser Staat wird fortgebaut nach den Idealen der christlichen Kulturvölker. Hier liegt der Schwerpunkt der christlichen Geschichtsentwicklung (306).

Rothe wendet sich dem Problem der Christologie in der modernen Wissenschaft zu. Das Dogma muss jetzt durchbrochen werden - nicht für alle, sondern für die, welche der neuen geschichtlichen Entwicklung folgen (380). Es muss der geschichtliche Jesus gefunden werden (381). Ein moralischer Gebrauch der kirchlichen christologischen Formeln ist heute nicht mehr möglich. Nur durch einen menschlichen Jesus kann sich das Moralische abspiegeln und die Erlösung von der Sünde vollbringen (382). Das kirchliche Dogma hat darin unrecht, dass es die Einheit von Gott und dem Menschen durch einen einseitigen Akt Gottes auf physischem Weg bewirkt sein lässt. Aber nur der moralische Weg führt zum Ziel der Einheit (383). Daher ist die neue Theologie antisupernaturalistisch, will die Wunder und überhaupt alles Uebernatürliche beseitigen (384). Aber ein wirkliches historisches Verständnis der Person und Geschichte Jesu ist nur von supernaturalistischem Standpunkt her möglich (385f.). Dieser muss aber auch streng, scharf und unbefangen in der Kritik ausgeführt werden (387). Der Mann der Wissenschaft steht auf dem Boden seiner Zeit, und diese Wissenschaft ist heute antisupernaturalistisch (388). Es wäre falsch und gegen sein Gewissen, ihm das Uebernatürliche und Wunderbare aufzwingen zu wollen (389). Die Zeit will nichts von Supernaturalisten, und das mit Recht (389). Ein köstlich Ding ist es aber, wenn man freudig an einen Gott glaubt, der Wunder tut, und wenn man so glaubt, ist es durch die Gnade Gottes allein (391).

Schliesslich spricht Rothe von der Kirche. Eine Verbesserung der kirchlichen Zustände ist nicht durch eine Verbesserung der Kirchenlehre zu erreichen (514f.). Die Menschheit wird eines Tages in den Besitz des vollen Verständnisses Christi und damit des vollen Einverständnisses über ihn kommen. Dazu wird aber nicht die Theologie oder die kirchliche Wissenschaft führen sondern weltliche Wissenschaft, die sowohl empirische Wissenschaft wie Spekulation ist. Sie wird im Lichte der Gottesidee, die Christus in die Welt hat einleuchten lassen, den wahren Begriff des Menschen finden und zugleich dem Begriff des Gottmenschen aufgeschlossen sein. Das Positive des Christentums, nämlich die historischen Tatsachen, vermöge welcher es ein Christentum in der Welt gibt, ist festzuhalten. Das Statuarische aber ist nicht mehr zu halten. Hier sind die Vorstellungen und Lehrsätze der Kirche zu einer bestimmten Zeit gemeint, welche nur von vorübergehender Geltung sind (516). Die Zeit des Statuarischen oder der Autorität ist unwiederbringlich dahin. Die heilige Schrift ist nur Autorität in dem Sinn, dass sie ganz von sich selbst ist, rein durch ihre Sache selbst. Das Bedürfnis der Gemeinschaft ist für die Befriedigung eines gemeinsamen Ausdrucks des christlichen Bewusstseins (517). Gemeinsam teilt man aber schon die Zwecke Christi in Gesinnung und Tat (518). Der Protestantenverein ist die Wirkung der Verbreitung des Bewusstseins, dass die moralische

Welt, wie die kirchliche, eine christliche ist (520). Was die Christen heute wirklich angeht, sind die praktischen Zielpunkte des moralischen Lebens (521). Die "Christlichkeit" eines Standpunktes wird am sichersten danach beurteilt, wie er den Zweck Christi konkret denkt. "Ueberdies gibt es ja auch zwischen weit auseinander liegenden theologischen Standpunkten eine Gemeinschaft... nämlich die gemeinsame Anerkennung der Probleme, die in den Geschichtsthatsachen liegen, die unter dem Namen "Christus" zusammengefasst sind." (522)

b) Overbeck und Rothe

Es ist aus dieser Darstellung von Rothe zu schliessen, dass Overbeck die Grundlage seiner Theologie in der Leipzig-Jenaer Zeit nicht nur von Schleiermacher sondern auch von Rothe hat. Allerdings gibt es Elemente bei Rothe, die von Overbeck deutlich nicht akzeptiert werden. Rothe macht aus dem Heilsprinzip ein Weltprinzip, eine Welterklärung. Sicher wusste Rothe, dass das nur Spekulation ist, aber eine solche Spekulation findet sich bei Overbeck nie. Aus Overbecks Aphorismen ist zu ersehen, dass Overbeck die Aufgabe der Theologie als "praktisch" versteht, d.h. sie soll der Gemeinde dienen, den Frieden der Seele möglich machen. Seine Behandlung des Neuen Testaments zeigt, wie äusserst angreifbar die Spekulation geworden ist: Das Neue Testament lässt sich auch als spekulativ erklären. Weil angreifbar, kann die Spekulation der Gemeinde und ihrem Verlangen nach Frieden nur schwerlich dienen. Overbeck hält sie zwar für nötig, aber er grenzt sie scharf ein. Die Zeit der grossen sorglosen theologischen Spekulationen der Systeme ist vorbei.

Ein zweiter Einwand ist gegen Rothes Eschatologie zu erheben. Seine Idee der Vergeistigung der Welt muss nach Overbeck im selben gnostischen Mythus wurzeln, der im Philipperbrief benützt wurde (siehe oben S. 55). Daher fällt Rothes Eschatologie unter Overbecks Kritik, weil sie durch Wissen erklärt wird. Aber der logische Grund des Vergeistigungsprozesses ist schon in der Spekulation gegeben: Spekulation ist fromme Umbildung von philosophischen Ideen, also deren Vergeistigung. Es scheint nur konsequent, wenn Rothe daraus eine Eschatologie der Erhebung der Welt in die fromme Spekulation entwickelt. Overbeck ist viel behutsamer. Er erkennt ein Problem, das Rothe in seinen eigenen Grundlagen verkennt: Wenn Spekulation nur Spekulation ist, dann bleiben die von der Frömmigkeit in dieser Spekulation angeeigneten weltlichen Formen immer nur weltliche Formen und können nicht Zeugnisse des Himmelreiches sein. Die Formen können nicht das Himmelreich als Ziel haben, dafür sind sie von Anfang an inadäquat. Wenn die ganze Welt fromm spekulierte, wäre das noch kein Himmelreich, denn im Himmelreich spekuliert man nicht. Man kann die Welt und daher auch die Spekulation, die aus der Weltlichkeit des Menschen entsteht, nicht durch einen Akt des Willens aus dem Leben ausschliessen. Das wäre schon eine spekulative Tat, das Wollen eines Ideals, das als Idee von den Menschen aufgestellt würde. Nur eines kann die unreflektierte Ruhe und den Frieden des Reiches herstellen, und das ist Gott, der die Welt überwindet. Durch Jesus wird das

Gottesbewusstsein erweckt, und dieses besteht in den Menschen neben dem weltlichen Bewusstsein. Um das weltliche Bewusstsein restlos zu überwinden, wäre eine mächtige Tat Gottes gefordert - das Ende der Welt.

Overbeck unterscheidet sich aber noch in anderer Weise von Rothe, indem er sich nämlich in der Leipzig-Jenaer Zeit dem Kanon nicht unterwirft. Er löst den Kanon in seine historischen Elemente auf. Doch von der Sache her, nachdem die Kritik ihre Arbeit getan hat, kann er das Neue Testament als zeitlich bedingten Ausdruck des Religiösen ehren - viel mehr, als er spätere religiöse Ausdrücke des Christentums ehren kann.

Rothes optimistische Betrachtung der Fähigkeit der spekulativen Erkenntnis teilt Overbeck nicht, und es gibt keinen Beweis, dass Overbeck je den Ausdruck von Rothes Optimismus, den Protestantenverein, unterstützte. Zu Rothes begeisterter Vision des siegreichen Laufes des Reiches schrieb Overbeck, wahrscheinlich in seiner ersten Basler Zeit:

> Der Dualismus von Wissen und Glauben, Philosophie und Religion, Staat und Kirche ist in der Natur der Dinge begründet und durchaus unüberwindlich. In einem (etwa nach Rothe'schem Ideal) die Kirche absorbirt habenden Staat würde bald Stickluft herrschen. Trennen also müssen wir was nicht zu vereinigen ist, und durch Erfahrung allmählich so weise geworden sein, um zu erkennen, was durch falsche Vermischung gesündigt worden ist. Wir müssen in religiösen Dingen ruhig genug geworden sein, um staatliche damit unverworren zu lassen, aber wir müssen auch religiös stark genug empfinden um den Staat in seinen Schranken zu halten. Der so hergestellte Zustand ist freilich kein Ideal, aber ein besserer scheint unmöglich und alle bisher aufgestellten Ideale leiden entweder an Unausführbarkeit oder würden höchst verderblich sein. [4]

Das Beglückende aber ist die Liebe. Ja, man kann wohl fragen, ob sie nicht die einzige religiöse "Tatsache" ist. Alle andern Begriffe für die religiösen Tatsachen, z. B. das Gottesbewusstsein, das Reich als Einheit mit Gott und Menschen, auch Gott selber, sind der wissenschaftlichen Kritik ausgesetzt.

Anmerkungen zu Kapitel 7

1) A 235, "Rothe (Characteristisches) Allgemeines", §2, 1; siehe Nigg, 3.

2) Die zweite Ausgabe dieses Buches ist eigentlich nur eine Erweiterung der ersten, und die Grundgedanken sind die gleichen. In der zweiten Ausgabe findet man ziemlich viele Zitate aus Schopenhauer, und Rothes Urteil über das, was er aus Schopenhauer zitiert, ist positiv. Rothe gilt daher möglicherweise als Brücke zu Overbecks Begeisterung für Schopenhauer in der ersten Basler Zeit.

3) A 219, "Christenthum (Gegenwart) Entzweiung", §3, 3ff.; "Christenthum (Entwicklung)".

4) A 272

Teil III. - Basel

Kapitel 8. Ueber die Christlichkeit unserer heutigen Theologie

a) Die Grundlage

Sehr mit Recht hat Pfeiffer darauf aufmerksam gemacht (siehe besonders S. 187), dass Overbecks Christlichkeit stark von Schopenhauer beeinflusst sei. In diesem Buch ist das Christentum als asketisch oder weltverneinend bezeichnet, und seine "Lebensbetrachtung" wird nicht einfach im Mönchtum (56, 69f., 83ff.) gefunden, sondern im Urchristentum selber. Paulus drückt sie in ihrer "schärfsten Form" aus (84), und Jesus selbst mit seiner Empfehlung der Ehelosigkeit ist als Grund der kirchlichen asketischen Weltverneinung angesehen (89). Der Text ist Mat. 19,12 - ein Text, den Schopenhauer selber verwendet, um seine asketische Weltanschauung bei Jesus zu belegen und um daraus die asketische Entwicklung des Christentums als folgerichtig zu verstehen.[1] Es ist daher eine Frage, ob Overbeck in diesem Buch Schopenhauer tatsächlich und mit aller Konsequenz folgt.

Zuerst ist festzustellen, wie sehr Overbecks frühe Theologie zur Philosophie Schopenhauers passt. Beide gehen von den Ideen des platonischen Einen und Vielen aus, und bei beiden heisst die Erlösung Einheit mit dem Einen. In der Welt des Vielen gibt es für Schopenhauer Individualität, Egoismus, Bosheit, und ihre Wurzel ist die Bejahung des Willens zur Weltlichkeit. Demgegenüber ist im Einen Identität aller Wesen, Gerechtigkeit, Menschenliebe, und diese sind in der Verneinung des Willens zum weltlichen Leben zu finden.[2] Die Verneinung hat für Schopenhauer ihr höchstes Exemplar in "dem Heiland des Christenthums",[3] und die Verneinung des Willens ist kein Willensakt, etwa mit dem Mönchtum in seiner "äussersten Kraftanstrengung" zu vergleichen, sondern das Resultat einer Erkenntnis, die "zum Quietiv alles Wollens" führt.[4]

Es trifft auch zu, dass Overbecks Gottesbewusstsein oder sein Begriff der Einheit mit dem Einen eine "höhere Erkenntnis" ist, denn Erkenntnis ist das Ergebnis aller Reflexion. Für Overbeck war alle solche Erkenntnis die weltlich-vergängliche Form eines Unbegreiflichen. Diese Idee ist auch in der Christlichkeit zu finden, wo Overbeck sagt, dass nicht nur Glauben und Wissen unversöhnlich seien (22), sondern dass diese Gegensätze auch "ewig im Weltwesen begründet" seien (145f., vgl. 139). Das lässt sich noch verdeutlichen an einem Brief von A.E. Biedermann vom 2.10. 1873 an Overbeck, worin Biedermann von einer Bemerkung Overbecks in einem früheren Brief (jetzt verloren) berichtet, dass Overbeck eine "begriffliche Wesensbestimmung" der Religion verweigere.[5] Overbeck weiss, dass seine Spekulation unfähig ist, ein solches "Wesen" zu fassen. Er hatte es zwar in seiner Theologie der Leipzig-Jenaer Zeit versucht, jedoch im Bewusstsein, dass das Formlose trotz der ihm durch Spekulation gegebenen Form formlos bleibt. Die jetzige Verweigerung eines solchen Versuchs zeigt den Fortschritt der <u>Christlichkeit</u> gegenüber der Theologie der Leipzig-Jenaer Zeit.

Schopenhauer macht keinen solchen Unterschied. Er bestimmt das Wesen der Religion als Metaphysik des Volkes, und im Christentum findet er die Bestätigung seiner Philosophie oder Gnosis. Daher gibt es für ihn keine wirkliche Unverträglichkeit von Glauben und Wissen. Glauben ist undeutliche Metaphysik.[6] Die Form seiner Philosophie ist absolut. Es ist wie in der alten Gnosis: Eine Idee ersetzt Jesus vollkommen. Das hat Overbeck auch erkannt. Wahrscheinlich um die Zeit der <u>Christlichkeit</u> schrieb Overbeck unter dem Titel "Gnosticismus und Schopenhauer" (A 224):

1. Die Erkenntniss allein erlösend (Welt als Wille und Vorstellung I, 474)
2. Gutheissung des gnostischen Doketismus (ebenda I, 479)[7]

Vielleicht sah sich Overbeck gerade deshalb genötigt, alle Spekulation für fraglicher denn je zu halten, weil Schopenhauer seiner Spekulation so nahe war (und Nietzsche hätte es nur betont).

Biedermann hatte den Austausch mit Overbeck mit einem Brief vom 18.9.1873 begonnen. Darin stellt er sehr wichtige Fragen über die <u>Christlichkeit</u>. Overbecks erste Antwort ist, wie schon gesagt, verloren, aber Biedermann gibt in seinem zweiten Brief (2.10.1873) sehr aufschlussreiche Information über Overbecks Antwort. Er schreibt da,

> In welchem psychologischen Verhältniss Sie religiösen Glauben zu Glauben im erkenntnistheoretischen Sinn und durch dieses Mittelglied zur Wissenschaft ist mir nun nach Ihrer praecisen Bestimmung ganz klar. Ich hatte es auch im Wesentlichen so verstanden; denn an eine einfache Verwechselung zu denken, dem hatten Sie durch Ihre durchgängige Unterscheidung zwischen Religion als einer praktischen Lebensanschauung und theoretischen Lehre etc. genugsam vorgebaut. Es bleibt nun also nach ihrer Praecisierung die Doppelfrage: 1) bildet Glauben im letzteren Sinn wenigstens ein wesentliches Moment des religiösen Glaubens? und 2) findet deswegen zwischen diesem und der Wissenschaft ein ausschliessender Gegensatz statt? Sie bejahen beides kurzweg...[8]

Aus diesen Worten sieht man, dass Overbeck ein erkenntnistheoretisches Mittelglied zwischen religiösem Glauben und Wissenschaft hat. In der <u>Christlichkeit</u> wird davon nichts gesagt, und es sieht in dem Buch so aus, als ob es überhaupt nur religiösen Glauben und Wissenschaft gäbe.

Was Biedermann von Overbeck in seinen beiden ersten Briefen erbittet, ist ein Tropfen Spekulation: Overbeck soll etwas Positives über "das Wesen der Religion" sagen, damit das Widersprüchlich-Negative der <u>Christlichkeit</u> aufgehoben werden kann, damit das Buch sich vor der Wissenschaft rechtfertigen kann.[9] Overbeck weigert sich, eine solche Spekulation zu liefern und zwar aus folgenden Gründen (Brief an Biedermann vom 30.10.1873):

> ...das Wissen, oder wenn Sie wollen, das Denken, zum Glauben nur eine kritische Stellung haben kann. Der Glaube wird das Denken immer nur aus Noth oder aus Schwäche anrufen, dieses aber als Reiniger eines dem Glauben etwa lästig gewordenen Aberglaubens nicht bei diesem Dienst stehen bleiben, sondern dem Glauben <u>in allen seinen für das Denken fassbaren Formen</u> den Nachweis liefern seiner weltlichen Identität mit dem Aberglauben. ... Sie fragen mich ferner, welchen Werth ich auf Belehrung über das "Wesen der Religion" lege, und ich antworte darauf: geringen, wenn es sich um eine über die Grenzen der Erfahrung hinausgehende abstracte Belehrung handelt. Wirklich bin ich der Meinung, dass jede lebendige Religion etwas für die Wissenschaft Unfassbares hat, und sehe auch gar nicht den Nutzen einer angeblichen Erfassung des Wesens der Religion in rein abstracten Begriffen ein. Ueber diesen beruhigt mich auch Ihre Dogmatik nicht. Sehe ich z.B. auf Ihr §1000 zusammengefasstes Resultat, so kann ich nur sagen: Das Wissen schüttelt auch zu <u>dieser</u> Mythologie den Kopf, der Glaube besitzt Ueberzeugungen der Art in unsäglich lebendigeren Formen. Dabei aber glaube ich den Vorwurf von mir ablehnen zu dürfen, dass ich die Dinge in der Theologie vom beschränkten Standpunkt eines "historischen Kritikers" beurteile. ... ... <u>kritisch</u> aber, nur das, verlange ich, und zwar in weitestem Sinn des Wortes, soll auch das Verfahren dessen, der die Sache etwa von Seiten der Dogmatik anfasst, sein, d.h. der Grenzen des Wissens bewusst, dessen Leistungsfähigkeit scharf erkennend, und mit seiner "Speculation" den Boden der anschaulichen Erfahrung nicht verlassend. Darin liegt, inwiefern ich den Vorwurf der "Misologie" mit Recht glaube abweisen zu dürfen und wiefern ich das Unternehmen einer speculativen Dogmatik in der That dem Icarus vergleichbar halte.[10]

Was Overbeck will, ist die Formen der Religion vor der Spekulation schützen, denn die Spekulation führt das Wissen in die Religion ein. Die religiös reflektierende Erkenntnis gibt es gewiss auch noch bei Overbeck, aber sie beansprucht, nur als Kritik ein gültiger Ausdruck der Religion zu sein. Die "lebendigeren Formen" der Religion oder des Glaubens sind die des Neuen Testaments. In der Christlichkeit (107) stellt Overbeck den Schriftkommentar dem Neuen Testament selbst gegenüber. Der Schriftkommentar verrät den "Aberglauben, dass was der Schrifttext naiv und anschaulich, unnachahmlich, aber für sich vollkommen verständlich sagt, müsse verdeutlicht werden und werde deutlicher, indem man es abstract und bildlos wiedergiebt." Es ist die Entdeckung eines Kreises, und das theologische Ende des Kreises wird dem neutestamentlichen Ende in seiner Form als äusserst religiös unterlegen beurteilt. Overbeck schreibt an Biedermann in einem Brief vom 1.11.1874, dass heute die dringendste Aufgabe der Apologetik sei, "sich aufzugeben", und das genau "im Interesse der ernsten Teilnahme, welche das Christenthum noch immer oder vielmehr in gewissem Sinn gegenwärtig mehr als je verdient."[11] In dieser Zeit schrieb Overbeck die folgende Notiz.

> Doppelsinn des Begriffs Glauben
> a) Ueberzeugtsein aus blos subjectiv zureichenden Gründen (im Gegensatz zum Wissen).
> b) religiöse Thätigkeit (als welche der Glaube eben nicht blos ein theoretisches Ueberzeugtsein bezeichnet, sondern alle Momente der religiösen Thätigkeit in sich schliesst). Ueber die Confusion welche die Verwechselung dieser Begriffe im theologischen Sprachgebrauch angerichtet ist, an der schon Schleiermacher verzweifelte, siehe besonders Biedermann, christliche Dogmatik, S. 38f. Man prädicirt vom Glauben als blos theoretische Ueberzeugung was nur vom religiösen (von subjektiver Religiosität) gilt.[12]

Overbeck will das Interesse der subjektiven Religion schützen, indem er sie von der religiösen Tätigkeit scharf unterscheidet. Der religiöse Glaube, schreibt Overbeck in einer anderen Notiz aus dieser Zeit, stützt sich allzu leicht "auf eine menschliche historische Authorität." Und dazu schreibt er weiter:

> Ganz richtig erkennt Biedermann S. 122 dass es "nie der Glaube selbst ist", der die Unterscheidung dessen was göttlich und was menschlich in ihm ist, vollzieht, "sondern erst das zur Selbstständigkeit erwachende Denken".[13]

Das ist Overbecks frühere Idee, dass das religiöse Bewusstsein sich zur Gnosis erweitere. Aber die Gnosis enthält keinen Inhalt des Glaubens. Glauben an sich ist immer von der Art des "Kinderglaubens", und Overbeck gibt den Rat, den Kindern einen Glaubensinhalt zu geben, der sie nicht in Konflikte führe, der so einfach sei wie das "wie" ihres Glaubens; "gegenwärtig geschieht das Gegentheil und wir geben dem Glauben unserer Kinder einen Inhalt, von dem wir wissen, dass er für die Meisten seinen Werth verlieren, sich ändern wird".[14]

Seine spekulative Erkenntnis gibt Overbeck gar nicht auf, er freut sich, diese Erkenntnis in vielen Aspekten mit Schopenhauer zu teilen. Er verteidigt Schopenhauer in Gesprächen mit Kollegen sogar "ritterlich" und mit "Hitze" - so schreibt er am

22.4.1872 an Nietzsche.[15] Aber er will diese Erkenntnis nicht als religiös-autoritativ "den Kindern" verkaufen, ja niemandem will er sie verkaufen. Ganz gegen den Strom der Zeit will er nichts theologisch-menschlich-historisch Autoritatives "auf den Markt tragen" (Christlichkeit, 64).[16] Es ist Overbeck jetzt ganz klar geworden, dass alle seine Spekulation weltlich ist.

In der <u>Christlichkeit</u> (23) schreibt er, der Schutz der Religion gegenüber dem Wissen sei das Fernhalten der möglichen Angriffspunkte. Die Religion muss "stark" genug sein, "um bei sich selbst zu bleiben," das heisst, den Grenzen der Welt entrückt bleiben. Wird sie schwach und sucht im Wissen Unterstützung, so ist sie verloren. Auch in der <u>Christlichkeit</u> (34f.) sagt er, die theologische Wissenschaft hat keine eigenen Erkenntnisprinzipien, sondern übernimmt diese von den weltlichen Wissenschaften. Theologie ist eine religiös umgebildete Wissenschaft, die sich im besten Fall von der Gnosis unterscheidet und ihre Spekulation oder Erkenntnis nicht an die Stelle von Jesus setzt.

Overbeck erwähnt in der <u>Christlichkeit</u> (76) die Möglichkeit einer "neuen Religion", welcher die Religion Jesu dienlich sein könnte. Davon hatte er schon früher gesprochen, aber damals sollte diese neue Religion die Rückkehr zur Urreligion, zu Jesus, bedeuten (siehe oben S. 41). Er beabsichtigt nichts anderes in der <u>Christlichkeit</u>. Eine neue Religion fordert nun Propheten zu ihrer Begründung (129), und Overbeck ist weder selbst Prophet noch einer, der sich einfach nach solchen sehnt. Er wird in seiner späteren Zeit wiederum von einer neuen Religion reden, mit derselben Bedingung und mit demselben Mangel an Sehnsucht.[17] Eine neue Religion könnte die Verwirrung der jetzigen Religion lösen, aber sie würde nichts wesentlich neues sagen, das nicht schon durch Jesus gegeben ist.

Die religiöse Autorität des Kanons "beruht auf dem gleichmässigen Ansehen aller seiner Teile" (<u>Christlichkeit</u>, 38). Daher müssen die denkenden Laien in Glaubenskonflikte geraten. Warum sollte Overbeck nicht wie die Theologie mit einer neuen Form von Religion auftreten, in welcher kein Aberglauben sondern nur das "Wesen" gefasst wird? Es gibt zwei Gründe. Erstens: obschon die Theologie wie alle Wissenschaft den Glauben erschüttern kann, hat sie nicht die Autorität ihn wiederherzustellen (vgl. 40), und daher kann Overbeck nur von der Möglichkeit einer neuen Religion und neuen Propheten reden, diese aber nicht selber herstellen. Zweitens: weil zu allem, was die gläubige Spekulation aufstellt, das Wissen (auch der gebildeten Laien) nur den Kopf schütteln kann - mit der Ausnahme der Kritik. Die kritische Theologie ist Theologie: Sie grenzt Weltbildung und Religion gegeneinander ab und setzt sie zueinander in Beziehung (41). Aber sie ist sich ihrer Grenze bewusst: Sie kann die Religion nicht begrifflich isolieren, daher muss sie vor allem der Theologie gegenüber kritisch sein, wie sie denn auch mit dem Problem der weltlichen Formen der Offenbarung ringt. Die Kritik ist die Abgrenzung und das Setzen von Beziehung, und mit dieser Form ist die Religion adäquat vor dem heutigen Wissen geschützt.

Overbeck will den Glauben auf keine "menschliche historische Authorität" stützen, sondern auf das Allgegenwärtige. Dieses lässt sich aber nur in der Urreligion bestimmen oder identifizieren, d. h. in Jesus - eine weltliche Form, welche die Spekulation zu begreifen und das Wissen zu erklären versucht. Aber das Allgegenwärtige und die Urreligion sind selber Begriffe der Spekulation, weltliche Formen, wie die Kritik. Es bleibt nichts anderes zu tun, als mit dem Problem der Formen zu ringen, das Neue Testament mitten in aller Kritik zu respektieren, und die praktische Aufgabe anzugehen, nämlich für den Aufbau der Gemeinde zu sorgen. Nur im Bereich dieser Aufgabe kann den Kindern ein einfältiger Inhalt für ihren Glauben gegeben werden, soweit man hier versucht, möglichst einfältig und konfliktfrei zu sein.

Die Bildung, die eine Schranke zwischen dem Gebildeten und seinen Mitmenschen zieht, sollte als Störung des unmittelbaren Verständnisses ausgeglichen werden. Kein Gefühl steht der Bildung so mächtig entgegen (54). Das ist die Idee der Brüderlichkeit in der Gemeinde, der Einheit. Ja die kirchliche Gemeinde ist noch "das ideale Band, welches unsere Kirchen immer noch um Menschen der verschiedensten Bildungsstufen, der verschiedensten Denkart und selbst in seinen Formen ganz verschiedenen Glaubens schlingen" (145). Der freidenkende, auch kritische Pfarrer sollte sich um der Gemeinde willen der Tradition mindestens äusserlich unterfen, denn wenn er in ihrem Dienst "seine auf wissenschaftlichem Wege gewonnenen Ueberzeugungen" vertritt, leitet er Gewissenskonflikte und daher Wirren in sie ein, die sie verderben und von den Kirchen treiben, d.h. die den religiösen Zweck frustrieren (138ff.). Der Pfarrer hat vielmehr die Aufgabe, dafür zu sorgen, dass "die Religion dieser Gemeinde sei, was sie ihr sein soll, sie tröste, erhebe und bessere und bewirke, dass Friede in ihr herrsche" (141). Er soll der Priester sein, der die "Religion an sich" für die Anderen darstellt (140). Und das heisst einfach, er soll die Gemeinde lieben (143). Die Behörden sollen die Menschenliebe haben, "welche sie mit dem reinsten und unbeirrtesten Willen erfüllt," damit sie die Konflikte der Zeit, an welchen viele junge Geistliche scheitern, nicht schärfen sondern mildern (146).

Overbeck ist auf die einende Qualität der Kirche so bedacht, dass er ihr helfen und sie festigen will. Das tut er auch mit der Accomodations-Idee. Da die wissenschaftlich gewonnene Ueberzeugung des Pfarrers die Gemeinde in Streit und Unfrieden führt, empfiehlt er die Accomodation an die in der Gemeinde anerkannten "Symbole" (141). In einer Notiz aus dieser Zeit schreibt Overbeck,

> Von Gott sollen wir nicht reden ausser in Symbolen.
> Daher der unschätzbare Werth alles Traditionellen
> für den Cultus. Das Individuum hat hier nichts zu
> sagen. [18]

Es ist schon möglich zu sagen, dass für Overbeck alle gläubige Spekulation symbolisch ist, aber gibt es etwas Traditionelles, das vor allem oder vorzüglich symbolisch ist? Richard Rothe hatte von den Symbolen als Sprache der urkirchlichen Mythologie gesprochen, worin die erste objektive Darstellung des Gottesbewusstseins sich ausdrückte.[19] In der <u>Christlichkeit</u> (35ff.) redet Overbeck von den neutestamentlichen Mythen, und protestantische Gemeinden gründen auf dem Prinzip sola scriptura. Man sollte meinen, dass "Symbol" in der <u>Christlichkeit</u> die Sprache des Neuen Testaments bedeute (vgl. 136f.). Daher sind Overbecks Predigten aus der Studienzeit - mit möglicher Ausnahme der zweiten - Beispiele solcher Accomodation.[20]

Zum Problem der Weltverneinung in der Christlichkeit ist es sehr wichtig, dass Overbeck seine empfohlene Askese weder in einer metaphysischen Idee noch in einem Willensakt begründet. Er schreibt vom Dienst des Geistlichen in der Gemeinde: Dieser wird "vielleicht...sich selbst vergessen nur um sich wiederzugewinnen" (142). Dieses Sich-Vergessen (Mat. 10,39) ist keine Erkenntnis, oder aber eine Erkenntnis von schlechthin eigener Art. In der Liebe verlässt man sich nicht auf die Kraft eigener Erkenntnis, sondern auf die Verbindung mit dem Geliebten. Sie ist nicht eigene, individuelle Erkenntnis sondern Erkenntnis aus dem Selbstvergessen, aus der Einheit mit dem Geliebten. Ja, die reflektierende eigene Erkenntnis kann nur zu Konflikten über das Problematische des Sich-Vergessens führen, wobei man sich gerade nicht vergisst.

Dieses Sich-Vergessen ist ein Zurückgehen auf Jesus einerseits und auf die Frömmigkeit andererseits. Und hier wird die Welt verloren, nur um sie wieder zu gewinnen, sie wird also nicht einfach verneint. Das ist das Gleiche wie Jesu Weltentsagung, welche alles in Gott gewinnt, aber alles wird im Einen gewonnen, nicht im Vielen. Das Viele zu verneinen - das ist die Sache der Askese in der <u>Christlichkeit.</u>

Gewiss schreibt Overbeck, dass der Geistliche sich "vielleicht" vergessen wird. Das ist das Risiko der Liebe, und wenn es glückt, ist es "Gnade allein". Die Wissenschaft wäre dem Geistlichen dann nicht so wichtig wie seine Darstellung der "Religion an sich" für die Gemeinde, denn er hätte das Reich Gottes gewonnen. Aber was würde ihm die Meinung der Wissenschaft bedeuten aus dieser geglückten Sicht? Kann aber der Geistliche sich so riskieren, kann er sich in der kritischen modernen Zeit vergessen? Oder ist das Reich für die Menschen nur mit dem Weltende zu haben? Overbecks früheren Theologie entsprechend hatte kein Mensch ausser Jesus das Reich im Diesseits, jedenfalls nicht in demselben Grad wie er. Im Sich-Vergessen der Liebe ist die Wissenschaft aufgehoben, denn im Reich ist kein Wissen von göttlichen Dingen sondern die einende Einheit der Liebe allein.

Die folgenden Worte schrieb Overbeck wahrscheinlich in der ersten Basler Zeit. Sie stehen auf der Rückseite der Notiz über "Symbol".

> Das wahre Glück gehört nicht dieser Welt an, darüber
> sind im Grunde alle einverstanden - die Juden etwa
> ausgenommen - es predigen uns davon alle Religions-
> stifter und Philosophen, und auch die Künstler, denn
> die lassen uns vom wahren Glück träumen.[21]

Das Glück eines Liebenden ist nicht von dieser Welt, sondern von Gott, und es ist, wie in den Predigten der Studienzeit, im Inneren zu finden. In der <u>Christlichkeit</u>

schreibt Overbeck, dass D. F. Strauss die "Einsicht hat, dass unser Befinden von aussen her nur seine Form, seinen Gehalt an Glück oder Unglück aber nur aus unserem eigenen Innern empfängt" (118).[22]

In seiner Vorlesung über die "christliche Litteraturgeschichte bis Eusebius von Caesarea" von 1870 (A 103; siehe oben S. 70) schreibt Overbeck (312) über Clemens von Alexandrien:

> Nicht unmittelbar soll sich das in die Wahrheit aussprechen, nicht der Wahrheit zum unmittelbaren Ausdruck die Form dienen, sondern sie soll vielmehr teilweise verhüllen und nicht ohne Mühe soll der Uneingeweihte hineindringen.

Clemens hat "wohl zu prüfen zu wem er redet und sich namentlich [zu] hüten die Wahrheit wissensstolzen Kritikern preiszugeben" (314f.). Respekt besteht vor allem vor der Macht der Wissenschaft oder, wie Overbeck es in der Vorlesung ausdrückte, vor dem idealen Publikum (292) seiner Zeit, welches alles in die Formen seines Verständnisses von Gott, Welt und Menschen zwingt. Sein Publikum sind, wie Overbeck in der Christlichkeit (xi) schreibt, die theologischen Wissenschaftler, und er bezweifelt nicht, "dass es manchen weisen Pfarrer giebt, der unsere heutigen theologischen Streitigkeiten schätzt, was sie werth sind, und ihnen, seinem praktischen Beruf obliegend, fern bleibt" (xi).

b) Overbeck und Nietzsche

Emmelius (44ff.) und Pfeiffer (202ff.) haben Bernoullis umfangreiche Arbeit über das Verhältnis zwischen Overbeck und Nietzsche ergänzt.[23] Es wird später nötig sein, dieses Verhältnis noch einmal zu berühren. Hier soll nur eine weitere Ergänzung zum Problem der Beziehung der Christlichkeit zu Nietzsche gemacht werden.

Als die Christlichkeit geschrieben wurde, war von Nietzsche nur Die Geburt der Tragödie erschienen (1872). Darüber findet man die folgende Notiz in Overbecks "Kirchenlexicon".

> Ueber das Absterben des Mythus und mit ihm der Religion siehe Nietzsche Geburt der Tragödie, S. 53f. - Wenn eine Religion anfängt, "historisch" begründet zu werden, so ist das Gefühl für den Mythus abgestorben und stirbt damit die Religion selbst ab. S. 101f. spricht Nietzsche von unseren "blossen und ermüdeten Religionen, die selbst in ihren Fundamenten in Gelehrtenreligionen entartet sind: so dass der Mythus, die nothwendige Voraussetzung jeder Religion, bereits überall gelähmt ist und selbst auf diesem Bereich jener optimistische Geist zur Herrschaft

gekommen ist, den wir als den Vernichtungskeim
unserer Gesellschaft eben bezeichnet haben."
Vgl. auch S. 132f.[24]

In der Christlichkeit weist Overbeck auf die Bedeutung der mythischen Formen für das Christentum hin (35ff.), die mit der Zeit ihre formative Kraft verlieren: Die Wunderkräfte sind seit der Erscheinung der christlichen Theologie verschwunden, schon früher aber sind die Mythen in Tradition erstarrt und daher auch früh historisch interpretiert worden. Nach Nietzsche ist die historische Begründung der Religion, worin sie dann abstirbt, nichts anderes als die Wissenschaft.[25] Das Problem ist für Nietzsche nicht das Christentum sondern die Religion des vorsokratischen Griechenland, und Sokrates bringt die wissenschaftliche Auflösung ihrer Mythen zustande.[26] In Sokrates ist der Wahn, dass das wissenschaftliche Denken "bis in die tiefsten Abgründe des Seins" vordringen kann.[27] Im Mythus, der als Abbild einer ewigen Wahrheit für unser Gefühl verstanden wird,[28] ist die menschliche Existenz "sub specie aeterni" und in gewissem Sinne zeitlos, sie ist "entweltlicht".[29] Nietzsche empfiehlt aber keine Ablehnung der Wissenschaft, sondern redet von einer neuen Form der Kultur, deren Symbol ein umgebildeter Sokrates ist - ein Sokrates der, der Grenzen der Wissenschaft bewusst, "musiktreibend" ist - und Musik ist der echte Ausdruck des unaussprechlichen Ewigen.[30]

Overbeck ist Nietzsche in all diesem äusserst nahe. Auch seine Erfahrung der Einheit mit dem allgegenwärtigen Einen gründet in einem schliesslich unaussprechlichen Gefühl, und Schleiermacher selber hatte in den Reden die Religion als "Musik" beschrieben.[31] Obschon Overbeck nicht über die Grenzen der Erfahrung reden oder nachdenken will (siehe oben S. 83), steht das Gefühl wenigstens noch in dieser Zeit innerhalb der Grenzen der Erfahrung, wie auch die "Musik" für Nietzsche. Und sowohl Nietzsche wie auch Overbeck entdecken den kräftigsten Ausdruck oder die stärkste und mächtigste Form von Gott in einer historischen Erscheinung, die deswegen viel mehr als eine bloss historische Erscheinung ist. Dieselbe Kraft erweckt in Overbeck bzw. in Nietzsche "Glauben" an Gott - also wirken diese Kräfte noch, aber in einer völlig veränderten historischen Situation. Das Neue Testament gehört einer unkritischen Zeit an, Overbeck gehört einer kritischen an. Die Wunderkraft ist keine Idee, weder für Nietzsche noch für Overbeck, sondern "Musik" für Nietzsche und "Liebe" für Overbeck. Für Overbeck ist Gott die unerforschliche Liebe - eine hinreissende, d.h. göttliche Erfahrung: eine "Entrückung" (Christlichkeit, 23).[32] Noch mehr verbindet Nietzsche und Overbeck: die Vergessenheit. Sie wird für Nietzsche in der Schrift von 1874 Vom Nutzen und Nachteil der Historie für das Leben zu einer Theorie der Erlösung erhoben.[33]

Man stellt fest, dass Overbeck in den Manuskripten fast nichts über Nietzsche hinterliess - bis zu den letzten Jahren seines Lebens. In dieser Zeit setzte er sich mit dem aufblühenden Nietzsche-Mythus auseinander.[34]

Anmerkungen zu Kapitel 8

1) Die Welt als Wille und Vorstellung (Leipzig, 1873), II, 708
2) Ebenda, II, 700.
3) Ebenda, I, 109.
4) Ebenda I, 453.
5) Paul Burckhardt (ed), "Aus der Korrespondenz von A.E. Biedermann 1819-1885", Aus fünf Jahrhunderten schweizerischer Kirchengeschichte. Zum 60. Geburtstag von Paul Wernle (Basel, 1892), 343.
6) Die Welt als Wille und Vorstellung (Leipzig, 1873), II, 180f., 185.
7) Die Seitenzahlen entsprechen Overbecks Exemplar des Buchs (Leipzig, 1873).
8) Paul Burckhardt (ed) - siehe Anmerkung 5, 343.
9) Ebenda, z.B. 341f.
10) Ebenda, 346f. Die Unterstreichungen sind aufgrund des ursprünglichen Briefs gemacht, der sich im A.E. Biedermann-Nachlass in der Universitätsbibliothek Basel befindet.
11) Ebenda, 350.
12) A 224, "Glaube (Vermischtes)", §4, 6. A.E. Biedermann, Christliche Dogmatik (Zürich, 1869).
13) A 224, "Glaube und Wissen (Vermischtes)", §3, 2.
14) A 224, "Glaube (Vermischtes)", §3, 5f; vgl. Nigg, 176. Diese Notiz stammt möglicherweise aus Overbecks Zeit in Jena, aber ihr Inhalt gilt so oder so für den Overbeck der Christlichkeit.
15) Friedrich Nietzsches Briefwechsel mit Franz Overbeck (Leipzig, 1916), 6.
16) Siehe Tetz, "Formengeschichte in der Kirchengeschichte", Theologische Zeitschrift 1961, 421.
17) A 218, "Bibel (Allgemeines)"; siehe CK, 76f.
18) A 272
19) Zur Dogmatik (Gotha, 1863), 19.
20) In diesem Verstehen der Liebesbeziehung des Geistlichen zur Gemeinde ist Overbecks Denken Schleiermachers Ausführungen über die Beziehung von Theologie und Kirche in seinem "Sendschreiben an Lücke" sehr ähnlich (in: Friedrich Schleiermachers sämmtliche Werke. Erste Abtheilung: Zur Theologie. Bd. 7. Berlin, 1838). Schleiermacher schreibt, dass die Frömmigkeit des Volkes nicht durch das "Gedachte" aufgeregt werde, wie die des Gebildeten, und dass

durch die Gebildeten die Gefahr einer Hierarchie entstehe (588). Die Frömmigkeit ist etwas Gegebenes, nicht von Theologen oder Philosophen ins Dasein gebracht (590).

> Wir dünken uns nicht unseren Gemeinden etwas ganz neues zuzubringen... sondern der Besitz ist gemeinsam, und wir dienen unseren Brüdern nur dadurch, dass wir denselben ihnen genauer darlegen und Freude daran, so wie Sorge dafür, bei ihnen erwecken. [588]

Davon hängt das Verständnis des geistlichen Dienstes ab. Alle sollen von Gott gelehrt sein, nicht von Theologen (617). Vgl. Richard Rothe, Zur Dogmatik (Gotha, 1863), 148; Carl Albrecht Bernoulli, Die wissenschaftliche und die kirchliche Methode in der Theologie. Ein encyklopädischer Versuch (Freiburg, Leipzig, Tübingen, 1897), 194, 218.

21) A 272

22) Siehe Strauss, Der alte und der neue Glaube (Bonn, 1874), 374.

23) C.A. Bernoulli, Franz Overbeck und Friedrich Nietzsche. Eine Freundschaft (Jena, 1908).

24) A 235, "Religion und Mythus". Die Seitennummern entsprechen der Kröner Ausgabe (Stuttgart, 1964), 100f., 148, 179f.

25) Ausgabe Kröner (Stuttgart, 1964), 141.

26) Ebenda, 117.

27) Ebenda, 128.

28) Ebenda, 143.

29) Ebenda, 182.

30) Ebenda, 141, 131.

31) (Berlin, 1831), 60, 142.

32) Das Wort "Entrückung" hatte schon Bedeutung für den jungen Overbeck. In der ersten Predigt (siehe oben S. 24) ist der Christ der Welt "schon halb entrückt". Vgl. F.C. Baur, Vorlesungen über neutestamentliche Theologie (Leipzig, 1864). 320f.

33) Vgl. Emmelius, 44 ff.

34) Overbecks Notizen über Nietzsche sind fast alle unter den "Nietzsche"-Titeln in A 232 zu finden. Bernoulli hat viele von diesen veröffentlicht in Franz Overbeck und Friedrich Nietzsche. Eine Freundschaft (Jena, 1908) und in seiner Herausgabe von Overbecks "Erinnerungen an Friedrich Nietzsche," Die neue Rundschau 1906.

Kapitel 9. Geschichte und Mythus

Overbecks Definition der Geschichte[1] zeigt, dass er in Schleiermachers Spekulation verwurzelt bleibt, aber diese Spekulation ist nicht nur diejenige Schleiermachers. Sie gründet im alten platonischen Gegensatz von Zeit und Ewigkeit, Vergänglichkeit und Unvergänglichkeit, vom Vielen und Einen. Und es ist wichtig, dass Overbeck diese Definition bis in seine spätere Zeit behalten konnte.

Die Definition wird zum ersten Mal in der Vorlesung über die "Geschichte der alten Kirche" von 1872 (A 109) gegeben. (Einige Teile dieser ersten Fassung wie auch Teile späterer Fassungen dieser Vorlesung finden sich als Beilage zu ihrer letzten Fassung aus dem Jahre 1894 unter der Katalog-Nummer A 109. Die Bezeichnung der verschiedenen Vorlesungen ergibt sich aus dem Jahre, in dem Overbeck sie zuerst hielt.) Die erste, von 1872 stammende Definition lautet (4):

> Geschichte ist nämlich Entwicklung innerhalb des unserer Erfahrung zugänglichen Weltlaufs. Oder: Geschichte ist die Beschreibung der im Laufe einer bestimmten Zeitperiode von einem Objecte innerhalb des unserer Erfahrung zugänglichen Weltlaufs erlittenen Veränderung.

Erst 1894 verfasste Overbeck diesen Teil der Vorlesung neu und stellte die folgende Definition auf (14f.):

> Geschichte ist Entwicklung innerhalb des unserer Erfahrung zugänglichen Weltlaufs, oder, in einer etwas bestimmteren und für den Zweck der von uns zu erhebenden Frage unmittelbar brauchbareren Form: Geschichte ist die Beschreibung der im Laufe einer bestimmten Zeitperiode von einem Objecte innerhalb des unserer Erfahrung zugänglichen Weltlaufs erlittenen Veränderungen.

Es gibt keinen wirklichen Unterschied zwischen den zwei Definitionen. In seiner Rektoratsrede von 1876, "Ueber die Anfänge von Kirchengeschichtsschreibung" (A 80), ist die Definition etwas abgeändert (26):

> <u>Geschichte ist</u> die Reihe der von einem gegebenen Organismus innerhalb einer gewissen Zeit und damit innerhalb unserer Erfahrung zugänglichen Weltlaufs erlittenen Veränderungen. Geschichtsschreibung ist die Beschreibung dieser Veränderungen.

Mit der Verwendung des Wortes "Organismus" statt "Objekt" will Overbeck nur betonen, dass das Objekt ein Leben in der Geschichte gehabt hat, und dass dieser Lebenslauf dann beschrieben wird.

Man merkt, wie die Definitionen der Basler Zeit sich von der Definition der Geschichte in der Vorlesung über Trinitätslehre und Christologie (siehe oben S. 44f.) unterscheiden. Overbeck hat den spekulativen Versuch jetzt preisgegeben, in der Geschichte "ein wohl geordnetes von gewissen Ideen beherrschtes Ganze" zu finden. Es ist nun die Geschichte in ihrem An-sich-Sein belassen, d.h. dieses wird nur beschrieben.

Alle Definitionen aus der Basler Zeit haben zwei Teile: die Entwicklung, verstanden als erlittene Veränderungen, und die Beschreibung, wobei die historischen Zeugnisse eines Objekts vorliegen müssen, um der Erfahrung zugänglich sein. Dass die Zeit "Perioden" hat, ist ein Aspekt der Beschreibung. In der Vorlesung über die "Geschichte der alten Kirche" von 1872 bestimmt Overbeck näher (12f.):

> Wenn nun aber Geschichte Entwicklung innerhalb der
> Grenzen des unserer Erfahrung zugänglichen Welt-
> laufs ist, so wird ein Wissen von der Geschichte nur
> beruhen können
> 1. auf dem Einordnen des geschichtlichen Objects in
> den erfahrungsmässigen Weltlauf
> 2. auf dem irgendwie vorhandenen Bewusstsein einer
> geschichtlichen Entwicklung des betrachteten Ob-
> jects, auf dem Bewusstsein, dass dieses im Ver-
> lauf der Zeit Veränderungen erfahren, Schicksale
> gehabt hat.

Geschichte ist also ein Wissen, und sie entsteht nur, wo ein Interesse an Wissen vorhanden ist: "Ohne Wissensinteresse entsteht wie überhaupt keine Wissenschaft, so namentlich auch keine Geschichte" (12). Im Fall der Kirche aber ist die Geschichte der Kirche und das ihr entsprechende Interesse an Wissen nicht automatisch gegeben (13):

> Bevor also eine Kirchengeschichte entsteht muss einmal
> ein Interesse da sein die Kirche irgendwie in ein Verhält-
> niss zu sonstigen Geschehen zu setzen, sie der Kette der
> sonstigen geschichtlichen Ereignisse einzuordnen, sie zu
> dem was anders ist, zu ihrer ihr fremden Umgebung in
> Beziehung zu setzen, sodann muss das Interesse vorhan-
> den sein die Erlebnisse der Kirche im Verlauf der Zeit
> zusammenzustellen, welches Interesse gar nicht entste-
> hen kann, wenn von solchen Erlebnissen gar kein Bewusst-
> sein da ist, wenn die rein religiöse Stellung des Subjects
> zur Kirche noch so stark ist, dass sie nur in ihrer blei-
> benden, ewigen und unveränderlichen Gestalt ihm er-
> scheint und er den Unterschied von Vergangenheit und
> Gegenwart, auf dem vor Allem die Geschichte beruht,
> für die Kirche nicht kennt. Soll also der Gedanke einer
> Kirchengeschichte entstehen, so kann das Verhältniss
> der einzelnen Glieder der Kirche zu derselben kein
> rein religiöses mehr sein, sondern irgendwie muss

>die Kirche schon aus einem Object nicht sehenden
>Glaubens zu einem Object erkennenden Wissens ge-
>worden sein.

Die Kirchengeschichte ist ein gnostisches Produkt, das ein Zeichen für die Entfremdung der Religion von sich selbst ist. Die Kirche objektiviert sich selbst, um sich dem für sie wichtig gewordenen Weltlauf einer bestimmten Geschichte einzuordnen. Die Objektivierung findet ebenso in der Erkenntnis des Unterschieds zwischen ihrer Vergangenheit und Gegenwart statt, d. h. in deren Vergleichung.

Eine wichtige Frage wird nun die Naherwartung des Urchristentums, d.h. ob dieses künftige Ereignis von der Urkirche objektiv-zeitlich gedacht sei. Wenn nicht, ist von einer nicht objektiven Erfahrung der Zeit im religiösen Bewusstsein der Kirche zu sprechen. In Overbecks früherem Verstehen von Jesus ist Jesus mit dem Ewigen eins, aber er ist auch in der Welt, die zeitlich ist. Jesus kann aber für sich nichts erwarten, was er nicht schon hat, d. h. seine Einheit mit dem Vater. Die Ewigkeit ist schon sein. Die Menschen, die an Jesus glauben, haben diese Ewigkeit nicht und sind daher auf deren Erwartung angewiesen.

Die Frage ist, ob die Naherwartung eine Objektivierung der Zeit und daher ein Anfang der Gnosis oder des geschichtlichen Bewusstseins ist. Was wäre aber eine nicht objektive Naherwartung, ist sie überhaupt möglich? Es ist wichtig, dass Overbeck die Idee des Mythus verwendet, um das Neue Testament von der Gnosis zu trennen, und hier liegt die Lösung des Problems - in der Idee einer mythischen Naherwartung. Diese Richtung von Overbecks Denken lässt sich im folgenden Zitat über die Evangelien aus der Vorlesung über die "Geschichte der alten Kirche" von 1872 (15f.) feststellen.

>Denn die historische Form dieser Bücher verhält sich
>zu ihrem eigentlichen Inhalt und Zweck zufällig und
>nichts liegt ihnen ferner als ein historisches wissen-
>schaftliches Interesse am Object ihrer Erzählung.
>(Kirchengeschichte ist eine Wissenschaft. Also ist die
>Apostelgeschichte keine Kirchengeschichte.) Sie gehö-
>ren selbst noch zur Urzeit der Kirche, in welcher die-
>se nicht sowohl darauf gerichtet war sich zur Welt in
>Beziehung zu setzen als noch ganz mit sich selbst be-
>schäftigt war und in der geheimnisvollen, der Erkennt-
>niss ungemein schwer zugänglichen Arbeit begriffen
>war, sich selbst ihre sichtbaren Grundformen zu
>geben. Die genannten Geschichtsbücher enthalten da-
>her nicht sowohl Geschichte als überwiegend Mythus.
>Sie sind auf einem Standpunkt geschrieben, für welchen
>das vergangene Geschehen von dem sie berichten, nicht
>im mindesten als vergangenes und in seiner selbststän-
>digen Eigenthümlichkeit Interesse hat, sondern der histo-
>rische Stoff ist ohne selbstständige Bedeutung hier noch

> durchaus der Macht der ursprünglichen religiösen
> Ideen unterworfen, auf welchen die Kirche ruht. Der
> Verfasser des 4. Evangeliums z. B. erzählt das Leben Jesu durchaus nicht von einem historischen wissenschaftlichen Standpunkt, wobei ihm das Leben
> Jesu als ein Object des Wissens gälte dessen Erkenntniss er mit den Mitteln historischer Wissenschaft zu
> erlangen gesucht hätte, sondern für die Gestaltung
> seines historischen Stoffs sind ganz überwiegend seine eigenen religiösen Ideen bestimmend und nur im
> Lichte dieser Ideen betrachtet besitzt der Stoff sein
> Interesse, durchaus nicht aber als objectiver betrachteter Stoff an und für sich.

Man merkt, dass Overbeck nur von der Beziehung der Urkirche zur "unvergangenen" Vergangenheit redet. Die Mythen aber sind Ideen, wenn auch nicht Ideen der Gnosis. Dieselbe Art von Idee ist die Naherwartung, obschon Overbeck das nicht ausdrücklich sagt. In der Vorlesung von 1872 (10) schreibt er,

> Die erste Generation von Christen oder die Urkirche
> hat auf eine Geschichte ihrer Gemeinschaft verzichtet,
> eine solche durchaus nicht erwartet. Die apostolische
> Kirche und auch noch die darauf folgende Christengeneration ist des Glaubens gewesen, dass die Erscheinung Christi der unmittelbaren Vorbote des Endes
> der gegenwärtigen Weltordnung sei. Dieser Glaube
> erhielt sich auch nach dem Tode Christi bekanntlich
> in der Erwartung einer baldigen Wiederkehr des Gestorbenen aber Auferstandenen, zur Gründung des auf
> den Trümmern der gegenwärtig bestehenden Welt zu
> errichtenden Gottesreichs. Fremd aber ist den ersten
> Christen die Erwartung einer jahrhundertelangen weltlichen Entwickelung gewesen, wie sie thatsächlich die
> Kirche gehabt hat, und in diesem Sinn kann man sagen,
> dass die Kirche eine Geschichte wider ihren Willen gehabt hat. Wie sich nun aber die Urkirche über den erfahrungsmässigen Weltlauf erhaben gewusst hat, weil
> sie des Glaubens an sein nahes Ende war, so kann die
> Kirche überhaupt auch unter der ihr gleichsam aufgenöthigten weltlichen Entwickelung den Glauben an ihre
> Ueberweltlichkeit nicht aufgeben ohne sich selbst aufzugeben. Es ist demnach eine solche Ueberweltlichkeit
> dem Begriff der Kirche allerdings wesentlich, aber
> freilich, daran müssen wir festhalten, nicht nach dieser Seite kann die Kirche Object einer Geschichte sein,
> nicht nach dieser Seite Object einer wissenschaftlichen
> Geschichtsschreibung.

Die Enderwartung ist eine mythische Erfahrung der Zeit. Wenn man überhaupt noch
von Jesu Einheit mit Gott reden kann, steht die mythische Erfahrung der Zeit qualitativ zwischen der Einheit mit Gott und dem gnostischen Bewusstsein der Zeit. Sie
ist nicht die Einheit, die nichts erwarten kann, weil sie alles schon hat, aber sie
ist noch nicht die objective Idee der Gnosis. Aber die Enderwartung ist eine Idee
der Zukunft. Nicht anders dachte Overbeck über die urchristliche Erfahrung der
Zeit in seiner Veröffentlichung von 1892 "Ueber die Anfänge der Kirchengeschichtsschreibung" (gedruckt in Buchform Darmstadt, 1965), 15:

> ... in einer Gemeinschaft [kann] der Gedanke, ihre Geschichte zu schreiben, überhaupt erst dann aufkommen,
> wenn sie an sich die Zeiten auseinander zu halten gelernt hat, sei es durch Beziehung ihrer Geschichte auf
> sonstiges Geschehen und Vergleichung von Beiden, sei
> es, indem sie durch Rückkehr auf sich selbst ihre Vergangenheit von ihrer Gegenwart unterscheidet, - was
> nicht geschehen kann ohne das Bewusstsein erlittener
> Veränderung, - und zu alledem dieser Unterscheidung
> irgend welchen Werth für die Zukunft zuerkennt. Damit
> ist gesagt, warum das Urchristenthum keine Geschichte
> geschrieben hat... Die religiöse Auffassung ihrer Gemeinschaft, in welcher die ersten Christen lebten, liess
> sie diese Gemeinschaft sub specie aeterni betrachten,
> d.h. eben nichts Anderes, als von einem Unterschied
> ihrer Vergangenheit von ihrer Gegenwart nichts wissen,
> und eine historische Zukunft erwarteten sie für sie auch
> nicht. Nichts lag ihnen mithin ferner, als ihre Geschichte
> zu schreiben...

Emmelius (181) hat recht, in seiner Beurteilung dieser Aeusserung die urkirchliche
Beziehung zur Vergangenheit und die zur Zukunft zu unterscheiden, denn sie gehören
nicht zu einer ständig mit sich selbst identischen Einheit mit Gott. Es sind
beides nur Ideen - verschiedene Ideen, wenn auch mythische Ideen. Aus Overbecks
späterer Zeit stammt diese Notiz:

> In der Sphäre dieser letzten Dingen wollte die christliche
> Gemeinde selbst schon leben, darin bestand die Lebendigkeit ihres Unsterblichkeitsglaubens, dass sie ihre
> Gläubigen schon in das "ewige Leben" versetzte, so dass
> sie nicht anders wussten, als dass was ihnen vom irdischen
> Leben bleibt, im "ewigen" geführt wurde.[2]

Eine Idee, die nicht unmittelbar mit der Wirklichkeit zusammenfällt (wie in der Einheit Jesu mit Gott), kann gewollt werden, und so ist zu verstehen, warum beim Ausbleiben der Parusie die Kirche diesen "Fehler" "im Schweisse ihres Angesichts vor
sich selbst zu verhüllen" trachtete (<u>Christlichkeit</u>, 87). Mythischer Glaube erlebte,
wie alles Weltliche, seinen Untergang. Die Mönche versuchen, den alten Glauben
wieder zu gewinnen, aber ihr Bewusstsein der Vergangenheit ist schon geschicht-

lich-objektiv. Schon der mythische Glaube selbst jedoch wurde von Menschen geschaffen und war nicht die Ewigkeit in der Zeit, doch ist in seiner Form die Idee der Ewigkeit so kräftig ausgedrückt, dass das Wollen der Idee und das Haben der Idee für die Urchristen so gut wie dasselbe war.

Ist Jesus denn auch weltlich? Und die Antwort ist: Ja, aber in seiner Weltlichkeit soll Gott in Einheit mit Menschen gefunden werden. Das ist das Mysterium seiner Form - eine Form die, wie alles Weltliche und wie der Mensch Jesus, untergegangen ist. Bei Jesus sind die Idee "Gott" und die Wirklichkeit Gottes unmittelbar eins, aber nur für eine Sekunde in der Weltgeschichte. Und aus dem Glauben an Jesus sind die Formen des Christentums entsprungen.

In seiner Vorlesung von 1877 über das Johannesevangelium (A 92) ist die den Mythus produzierende Tätigkeit von Johannes "heilige Dichtung" (182) oder die "Idealisirung" der heiligen Tatsachen (180, 183). Die Dichtung selber wird denn auch qualitativ von der Wissenschaft der Theologie getrennt. Wahrscheinlich kurz vor seinem Tod schrieb Overbeck,

> Unser Zeitalter, das so gründlich verlernt hat die Erklärung auch heiliger Texte, die eigenen so gut wie Fremde, aus jenseitigen, den menschlichen Horizont überschreitenden Sphären zu holen, wird mich schreibenden Einsiedler wenigstens ideal unter den Zeitgenossen oder gar in ferner Zukunft, wenn diese mich überhaupt hört, manchen verständnissinnigen Leser für die Behauptung finden lassen, das von Dichtern immer noch eher für das Verständniss heiliger Texte, überhaupt in Dingen der Religion, etwas zu erwarten ist als von Theologen, die zwar selbst sich Theodidacten nennen, die Gelehrten aber, die sie sein wollen, den Begriff noch ganz weltlich verstanden, doch nur vermeintlich sind. Vermögen wir Menschen eine weitere Begründung für Religion als Mythus und Saga zu erkennen, und so auch für Alles was uns vermeintlich heilige Texte bezeugen, was kann noch in der Meinung paradox sein, dass unter uns Dichter noch immer die annehmbarsten, anhörenswerthesten Interpreten religiöser Dinge und Texte sein werden. Zwar gewiss nicht truglose, die es für uns nicht geben kann, wie die Welt, die wir als Erdenbewohner kennen, einmal eingerichtet ist, doch immer noch bessere als beschränkte und dürre Theologen, welche sich zur Interpretation heiliger Texte nur das Vorurtheile eben ihrer Beschränktheit und Dürre bedienen. Vgl. "Marcus 1, 12.13"[3]

Alles menschliche Begreifen der göttlichen Dinge ist trügerisch, aber die Dichtung hat da einen Vorteil. Sie muss jedoch als das, was sie ist, erkannt werden, und die kritische Theologie hat diese aufklärende Funktion.

Anmerkungen zu Kapitel 9

1) Vgl. Emmelius, 34ff., 169ff., bes. 172-173. Eine eingehendere Untersuchung von ähnlichen Ideen der Geschichte im 19. Jahrhundert ist in meiner Dissertation zu finden: Continuity and Difference in the Course of Franz Overbeck's Thought (Claremont, 1975), 136ff.

2) A 218, "Beichte (Geschichte) Alte Zeit", §1, 1.

3) A 227, "Jesus (Versuchung) neuere Ansichten", §3, 4f. Der Hinweis am Ende des Zitats ist eine Notiz in A 207, in welcher Overbeck durch den Vergleich eines Theologen und eines Dichters auf denselben Punkt hinauswill. Die Notiz aus A 207 hat das Datum 17.5.1905. Der diesem Zitat folgende Paragraph in A 227 hat ebenfalls das Datum 17.5.1905. Daher ist es wahrscheinlich, dass der zitierte Paragraph am selben Tag geschrieben wurde.

Teil IV. - Gott ist tot

Einleitung

1882 erschien Overbecks Schrift "Ueber die Anfänge der patristischen Litteratur" (<u>Historische Zeitschrift</u> 48, 417-472), d.h. über die Entwicklung des Christentums aus den Formen des Urchristentums zu den Formen der Theologie. Darin ist die Rede vom Versuch des Theologen Clemens von Alexandrien, die christliche Wahrheit vor der Gnosis zu verbergen.[1] Martin Tetz hat bereits bemerkt, dass, im Versuch, die Wahrheit vor der Gnosis zu verbergen, Overbeck sich mit Clemens identifizierte.[2] Der Unterschied zwischen Clemens und Overbeck kann kurz zusammengefasst werden mit der einfachen Feststellung, dass Overbeck in einer völlig anderen geschichtlichen Situation als Clemens steht. Nicht nur ist sein Versuch, die "Wahrheit" zu verbergen, von seiner geschichtlichen Situation bestimmt, sondern auch seine Sicht dieser Wahrheit. Es hat sich nämlich in der Geschichte auch die Schwäche der Clemenschen Theologie gezeigt. Auch sie ist durch das "Gericht der Geschichte" aufgelöst worden (vgl. Pfeiffer, 73ff.).

1882 fällt Nietzsches Wort "Gott ist tot!" Wie wir sehen werden, hat Overbeck dieses Wort sehr ernst genommen. Es bedeutet, auch Gott ist ein Element des weltlichen Vielen gewesen, auch er ist der Vergänglichkeit unterworfen. Was könnte - sofern dieses Wort die geschichtliche Situation kennzeichnet - dem Historiker des Christentums näher liegen, als Leben und Tod dieses Gottes oder seiner Religion zu untersuchen? Dafür aber müssen zuerst die Begriffe ausgearbeitet werden.

Um 1882 schrieb Overbeck eine Notiz, die mit der Entwicklung seines Begriffs der Urgeschichte oder Entstehungsgeschichte zu tun hat. Dieser Begriff tritt in vollendeter Form erst im letzten Jahrzehnt von Overbecks Leben auf. Die Zeit zwischen 1882 und diesem letzten Jahrzehnt scheint eine Zeit der Reifung gewesen zu sein, wo Overbeck mit der Arbeit beschäftigt war, diesen Begriff zu formulieren und seine Bedeutung herauszuarbeiten.

Gewiss sind Ansatzpunkte sowohl für den Tod des christlichen Gottes wie für den Begriff der Entstehungsgeschichte beim jüngeren Overbeck zu finden, und gerade daher bedeutet die Entwicklung nach 1882 keinen grossen Bruch in seiner Denkbewegung. Zweifellos ist sie aber eine neue und sehr wichtige Wendung.

Die Frage ist nun, ob und wie Overbeck seinen früheren Versuch, jenseits der Wissenschaft auf die "Wahrheit" hinzuweisen, fortsetzt. Er stellt unzweideutig fest, dass er kein Christ sei.[3] Das hatte er auch früher gesagt - das Christentum gehörte schon früher für ihn zum weltlichen Vielen. Nun sagt er aber, dass es für den Menschen "übersinnliche Realität" nicht gebe. Dieser letzte Rest der religiösen Spekulation ist nun auch der Vergänglichkeit übergeben.

Prof. Troeltsch bezeichnet die Religion..als "die Berührung mit einer übersinnlichen Realität."
... Welche abstracte, blosse, professorhafte Bezeichnung! Sie ist nur in der Religion annehmbar, wo Denken ein uns Menschen nichts mehr angehendes Spinnengewebe wird.[4]

Anmerkungen zu "Einleitung", Teil IV

1) <u>Ueber die Anfänge der patristischen Literatur</u> (Darmstadt, 1966), 60 ff.

2) "Ueber Formengeschichte in der Kirchengeschichte", <u>Theologische Zeitschrift</u> 17, 1961, 426.

3) A 267c, "Tagebuchartiges", 4ff. Siehe auch A 235, "Ritschl, mein Verhältniss zu ihm", §5, 13; siehe Nigg, 197.

4) A 235, "Religion (Allgemeines)", §3, 8. Vgl. A 227, "Jesus (Menschheit)", §1, 1: siehe CK, 43.

Kapitel 10. Entstehung

Erst um 1882 sind Spuren von Overbecks Theorie zur Entstehungs- oder Urgeschichte[1] in seinen Schriften zu finden. Der Text, in dem die Entwicklung des Begriffs zum ersten Mal vorkommt, ist der folgende.

> Warum macht die Geschichte den Eindruck, dass alle Dinge in Degeneration begriffen sind? Weil die Geschichte die Entwicklung ihrer Objecte darstellt, aller Anfang aber im Verhältniss zur Fortsetzung stark ist und stärker als diese sein <u>muss.</u> Allein die Anfänge hören nicht auf, und was sich entwickelt, bleibt nicht isoliert, entwickelt sich insofern nicht rein aus diesem Urkeim, sondern setzt aus seiner Umgebung neue Keime an. Es ist daher das Spätere, wenn man es rein in seinem Verhältniss zu seinem Anfang, zu dem was ihm vorausgeht, auffasst, freilich degenerirt und geht sogar unfehlbar seinem Untergang entgegen. Aber unterwegs nimmt es mancherlei mit und lässt, wenn es vom Schauplatz verschwindet, auch keine leere Stelle zurück, sondern wird von etwas Neuem abgelöst. Der Gang der Geschichte ist weder beständige Degeneration noch beständiger Fortschritt, sondern besteht in der Verschlingung beider. Der Streit aber, ob am Anfang der Geschichte das goldene Zeitalter oder die reine Bestialität steht, ist an sich eine Absurdität.[2]

Tatsächlich hat das Christentum immer mehr Elemente der Welt angesetzt, und diese bedeuten, wie Overbecks frühere Analyse zeigte, eine Degeneration, denn es wird immer schwieriger, das Christentum von der Welt zu unterscheiden. Dass ein Ding durch seine Entwicklung so degeneriert, dass es schliesslich in der Unterschiedslosigkeit untergeht, ist logisch: Das Christentum hat so viele weltliche Elemente angesetzt, dass es nicht mehr fähig ist, sich richtig zu erkennen. Die Theologie findet in ihm nur Philosophisches, und Philosophie ist sehr lang in der Welt gewesen. Rückblickend erscheint es dann dem Historiker, dass der Anfang "am stärksten" war in der Erscheinung, weil er durch das Ansetzen neuer Elemente am wenigsten betroffen war.

> Das besonders hervorragende Wesen einer historischen Reihe kann man nie an ihrer allmählichen Entwicklung darlegen, sondern zunächst wenigstens nur an ihrem ersten, sie anführenden Gebilde oder Gliede.[3]

Die wesentlichen Ideen dieser Auffassung der Geschichte sind bei Schleiermacher zu finden in der <u>Kurzen Darstellung des theologischen Studiums</u>. So schreibt Schleiermacher,

> Je mehr ein geschichtlicher Verlauf in der Verbreitung
> begriffen ist, sodass die innere Lebenseinheit je wei-
> ter hin, desto mehr nur im Zusammenstoss mit andern
> Kräften erscheint: um desto mehr haben diese auch theil
> an den einzelnen Zuständen; sodass nur in den frühe-
> sten das eigentümliche Wesen am reinsten zur Anschau-
> ung kommt. Auch das gilt ebenso von allen verwandten
> geschichtlichen Erscheinungen und ist der eigentliche
> Grund, warum so viele Völker missverständlich die
> früheste Periode des Lebens der Menschheit als die
> Zeit der höchsten Vollkommenheit ansehen. [4]

Schleiermacher sagt nicht, dass die Entwicklung Degeneration bedeute. Er betrachtet die Kirche auch nicht als degeneriert. Denn in ihr hat die Theologie die Aufgabe, das "Wesen" des Christentums aufgrund ihrer historischen Kenntnis des Urchristentums in jedem Moment des Zeitverlaufs darzustellen, [5] und diese Darstellung ist die Rettung der Kirche. Nach Overbeck ist aber diese historische Kenntnis schon ein Zeichen der Degeneration.

Auch in diesem Werk spricht Schleiermacher von einem Entstehen im Gegensatz zu einer Entwicklung. Die Geschichte ist beides. [6] So ist es auch bei Overbeck.

> Uralt nennen wir was mehr als alt ist, dessen Entstehung
> sich in ein für uns schon unzugängliches Alterthum verliert,
> und von dessen Entstehung wir auch unter den für uns
> noch bestehenden Bedingungen des Daseins keine voll-
> kommen deutliche Vorstellung mehr machen können. Dem-
> gemäss reden wir auch von einer Urzeit. Es ist eine ver-
> gangene Zeit, aber mehr als vergangen, in welcher was
> entstanden unter gegenwärtig nicht mehr bestehenden Be-
> dingungen entstand und daher auch Dinge entstanden, die
> heute nicht mehr entstehen. Am geläufigsten ist uns
> neuerdings der Begriff der Urgeschichte im Bereich
> der Entwicklung der Naturdinge geworden, wenn wir
> von Urzeit und Urgeschichte der Erde reden und uns
> dabei die verschiedenen Formen und Gebilde von Natur-
> wesen vorstellen, die wir unter uns nicht mehr sehen
> und von denen uns nur die Trümmer vergangener Wel-
> ten eine Anschauung gestatten. Durch diesen vorherr-
> schend gewordenen naturhistorischen Gebrauch von Ur-
> geschichte kann leicht der Schein entstehen, als ent-
> letzen wir, indem wir diesen Begriff auf die Welt der
> eigentlichen Geschichte übertragen, den Begriff von
> der Naturwissenschaft. Aber in Wahrheit steht es um-
> gekehrt. Urgeschichte ist ein Wort und ein Begriff der
> ursprünglich, wie das ja auch unmittelbar im Wort
> liegt, der Welt der Geschichte angehört und erst auf

> die Betrachtung der Naturdinge übertragen worden ist. ...
> Es ist dieses richtig wenigstens soweit man Natur und
> Geschichte als in der Anschauung getrennte Sphären
> voraussetzt. Das ist nun freilich nicht ursprünglich
> und nicht antik. Dem Alterthum waren Natur und Ge-
> schichte überhaupt nicht geschieden und daher auch
> ἱστορεῖν das identische Terminus für ihre Darstel-
> lung (darstellende Behandlung). Allein dieses Alter-
> thum ist auch uralt. Für unsere Denkwelt gilt die
> Trennung, an der Welt der Geschichte im eigentlichen
> Sinne hat sich der Zeitbegriff, d.h. der ursprünglich-
> ste Grundbegriff der Geschichte entwickelt. Die Natur
> hat doch nur geschichtlich betrachtet werden können,
> sofern man schon an Menschenerfahrung gelernt hatte,
> den Unterschied der Zeiten zu erfassen. Und damit der
> Begriff Geschichte im eigentlichen Sinne.[7]

Hier ist eine neue Bestimmung der Entwicklung festzustellen. Ein Element, welches das entstandene Ding in seiner Entwicklung ansetzt, ist die geschichtliche Betrachtung davon, die Anwendung des Zeitbegriffs. Wenn es diese Betrachtung nicht ansetzt, ist es "zeitlos".

> Denn entstehen thun Dinge beständig, und insofern gehört
> Entstehung an sich aller Zeit an, ist an sich zeitlos. Das
> wird auch jedes entstehende Ding bleiben, bei dem sich
> überhaupt nie der Anlass einstellt, es unter dem Geschichts-
> punkt zeitlich verlaufender, d.h. geschichtlicher Entwick-
> lung zu betrachten, d.h. wenn historische Betrachtung bei
> ihm überhaupt ausbleibt und sein Verlauf nie wahrgenommen
> worden ist, mag nun das Ausbleiben dieser Wahrnehmung
> an der nur eigener augenblicksartigen Dauer des zur Be-
> trachtung in Frage kommenden Objects oder an sonstigen
> Hindernissen dieser Wahrnehmung hängen. Und eben weil
> von Geschichte eines Dinges gar nicht zu reden ist bevor
> es nicht [sic] unter das Auge eines es historisch betrach-
> tenden Subjects gefallen ist, ist auch das wesentliche
> Merkmal der Urgeschichte, dass sie Urgeschichte ist,
> nicht aber die Beziehung die sich ihr zur Zeit geben
> lässt.[8]

Es ist deutlich, dass Overbeck seine Arbeit über das Christentum, seine Beobachtung des Entstehens der Kirchengeschichte in ihm, nun für die Bildung einer allgemeinen Theorie über die Geschichte benützt hat. Die Theorie erhebt den Anspruch, für jede Geschichte verwendet werden zu können. Aber sie lässt auch die Möglichkeit offen, dass man selbst mitten in einer Entstehung sein könnte, so dass man eine zeitlose Erfahrung vom Entstehenden hat und dann unfähig zu historischer Betrachtung des Entstandenen ist. Um diese Erfahrung näher zu bestimmen, ist es nötig zu verstehen, was eine zeitlose Erfahrung sein könnte.

Die Geschichte setzt die Dauer ihres Objektes voraus. Dauer ist "wahrgenommene Zeit", Zeit ist nur "eine leere Form, unter der der menschliche Verstand die Dinge anschaut, kommt aber den Dingen an sich gar nicht zu." Die Wahrnehmung der Zeit ist die Tätigkeit des Subjekts, worin die begriffliche Dauer eines Dinges als Objekt von dem Subjekt gesetzt und als solches erkannt wird.[9] Die Zeit als Form der Anschauung ist also kein Objekt.

> Durch Periodisirung wird uns wohl die Geschichte übersichtlicher, nicht aber die Zeit. Sie ist wirklich der
> ,primitivste Versuch uns unter Verwendung des Begriffs der Zeit in der Geschichte zu orientiren, für die Zeit ist aber dabei wirklich nichts zu entdecken, als dass wir sie zur eben bezeichneten Verwendung in uns finden, wie auch zu anderen Verwendungen, zu welchen wir durch das Bedürfniss uns des Nacheinanders der Dinge zu vergewissern getrieben oder veranlasst werden.[10]

Obschon Overbeck das Wort "Ding an sich" ausspricht, meint er eigentlich nicht Kants Ding an sich, sondern den Inhalt des Bewusstseins. Denn vom Urchristentum -- und es ist vor allem das Urchristentum, das Overbeck in seiner Geschichte betrachtet - kann man nicht behaupten, dass es Kants Ding an sich sei, wohl aber, dass es ein Ding des Bewusstseins ist. Das Ding des Bewusstseins kann einem Ding in der Aussenwelt entsprechen, aber es muss nicht. "Zeitlos" ist ein Ding dann, wenn es, ob im Bewusstsein oder nicht, zeitlich nicht wahrgenommen oder nicht als zeitlich begriffen wird. Zeitlos können die alltäglichsten Dinge des Bewusstseins erfahren werden, aber auch ein Ding wie das Urchristentum.

Overbeck gibt keine Theorie vom Uebergang einer zeitlosen Erfahrung eines Dinges zu einer zeitlich-begrifflichen Betrachtung davon. Es gibt aber "Hindernisse", die schuld sind, dass man den Verlauf des Dinges nicht historisch betrachten kann. Im Urchristentum waren es die den Mythos hervorbringenden Wunderkräfte. Overbeck verwendet aber nicht das Wort "Wunderkraft", um die Hindernisse zu bezeichnen, sondern das Wort "Leben". In der Tat ist eine Entstehung "Leben", das erst mit dem Ansetzen anderer Dinge in seinem Verlauf, vor allem seiner geschichtlichen Betrachtung, abstirbt.

> Alles was lebt und auch alles was in der Geschichte lebt entsteht im Verborgenen, und tritt erst von einer ganz bestimmten Periode seiner Entwicklung ans Licht der Wahrnehmung oder der Erkenntniss.[11]

In diesem Zitat sind die Elemente von Overbecks Definition der Geschichte zu finden. Verborgen heisst nicht sichtbar (in der Geschichte müssen die Dinge sichtbar sein). Entstehung im Verborgenen erlaubt keinen Vergleich eines Zustandes des Dinges mit einem anderen (kein Bewusstsein der Veränderung). Die Veränderung, die alles Weltliche erleidet, ist noch nicht sichtbar.

> Dass das Christenthum gegenwärtig "alt" bis zur Hinfälligkeit ist, zeigt sich auch daran, dass es daran

> ist, seine Lebensinstinkte zu verlieren. Das thut es
> z.B. indem es sich überall, - und nicht am wenigsten
> eifrig bei uns in Deutschland - einem Bund eingeht
> mit dem modernen Nationalismus. [12]

> Die Religion ist ein Ding dieser Welt und theilt mit
> diesen Dingen auch ihren Grundschaden, Wandelbar-
> keit und Vergänglichkeit oder Corruptibilität. [13]

In diesen Zitaten geht es um das Absterben eines lebendigen Dinges durch das Ansetzen eines anderen lebendigen Dinges, was einfach deshalb geschieht, weil das Ding weltlich ist. Alles Weltliche vergeht.

> Denn es ist klar, dass die Aeternität des Christenthums
> sich auch nur <u>sub specie aeterni</u> vertreten lässt, d.h.
> von einem Zeitpunkt, der von Zeit und dem unter sie
> fallenden Gegensatz von Jugend und Alter nicht weiss.
> Wo Jugend oder Alter für den Glauben an das Christen-
> thum überhaupt etwas zu sagen haben, wo diese beiden
> Lebensalter auseinandertreten und nicht in dem höheren
> Begriff ewiger Jugend zusammenfliessen, wo Jugend für
> sich auffällt als des Alters ermangelnd und das Alter sich
> nicht mehr als ewige Jugend empfindet, da ist das Chri-
> stenthum zu seinem Ende gelangt... [14]

Zeitlos ist die Erfahrung sub specie aeterni oder, was dasselbe sagt, der ewigen Jugend eines Dinges, d.h. die Erfahrung einer Zeit, die noch nicht eine Zeit ist. (Das Nacheinander ist hier von Overbeck als primitiv-zeitlich, d.h. praehistorisch, zugegeben, aber als qualitativ verschieden von der geschichtlichen, zeitlich begriffenen Zeit.) Die "Vertretung" dieser Erfahrung geschieht dort, wo Menschen, die das zeitlose Ding erfahren haben, einen Anlass haben, es darzustellen, z.B. in den neutestamentlichen Schriften.

Die Religion muss also zeitlos erfahren werden, oder sie ist nicht das, was sie zu sein behauptet. Das ist nur logisch, denn auf Objektivität reduziert, käme sie in eine Distanz zu den Menschen, die der Gnosis entspräche, und würde damit zu etwas anderem, als sie früher war. In der Religion wird geglaubt oder erfahren, nicht begriffen.

> Geschichtliche Betrachtung der Religion kann ihre Geltung
> nur untergraben. Denn jede Religion gehört ihrer Entste-
> hung nach unter Menschen einer praehistorischen Welt an
> und kann in der historischen Welt nur ihr Ende finden.
> In dieser <u>kann</u> sie sehr alt werden, doch nie den Gefahren
> des Alters d.h. des Kreislaufs von Entstehen und Vergehen
> entgehen. [15]

Einmal auf das Objektive reduziert, würde die Entfernung vom Ding nur wachsen, bis keine Erfahrung von ihm oder kein Glauben mehr bestünde. Das wird sich in Overbecks Kritik an der Theologie aus dieser Zeit zeigen. Die These ist schon in der <u>Christlichkeit</u> enthalten: Wenn die Religion kräftig lebt, hält sie das Wissen fern, abgeschwächt gibt sie dem Wissen einen Angriffspunkt.

Die Abschwächung scheint vom Ding selber auszugehen - es verliert am Leben. Es wird unaufhörlich ein "Ding dieser Welt" und daher vergänglich.

Anmerkungen zu Kapitel 10

1) Vgl. Emmelius, 169ff.
2) A 224, "Geschichte (Allgemeines)", §3, 1f.; siehe CK, 6. Das Datum der Notiz lässt sich folgendermassen erschliessen: Der zweite Paragraph (§2) unter diesem Titel erwähnt das Datum 1880, der vierte, 1897; die Handschrift scheint eher auf die frühen 80ger Jahre hinzudeuten.
3) A 240, "Urchristenthum (Allgemeines)", §7, 4; siehe CK, 6.
4) (Leipzig, 1910), §83, 35f.
5) Ebenda, §84, 36.
6) Ebenda, §§71-73, 31f.
7) A 105, Vorlesung, "Geschichte der Litteratur der alten Kirche. Patristik" (1895), 137ff.
8) A 240, "Urgeschichte (Allgemeines)", §9, 15f.; siehe Nigg, 80.
9) A 221, "Dauer (Allgemeines)"; A 241, "Zeit (Allgemeines)"; siehe CK, 1f.
10) A 241, "Zeit (Allgemeines)", §3, 2.
11) A 109, Vorlesung, "Ueber die Geschichte der alten Kirche" (1894), 177.
12) A 219, "Christenthum (alter) Absolut", §4 9.
13) A 235, "Religion (Corruptibilität)".
14) A 219, "Christenthum (alter) Absolut", §1, 3; siehe CK, 69f.
15) A 235, "Religion (Geschichte), §5, 2f.

Kapitel 11. Plato

Overbecks Spekulation gründete, wie wesentlich alle Spekulation des Abendlandes, immer im Platonismus, und Overbeck war sich seines Platonismus bewusst. Seine Definition der Geschichte ist eine Bezeichnung des platonischen Vielen, das im Gegensatz zu Gott steht, der keine Veränderung erleidet. Nur er, das Ewige, ist vollkommen.[1] Plato redet auch von der Entstehung (Schleiermacher war ja Schüler Platons), nämlich im Phädrus: Aus dem Anfang, der nicht entstanden ist, muss alles Entstehende entstehen, und wo dieses vergänglich ist, ist jener unvergänglich.[2] Overbeck schreibt in einer Notiz aus seiner letzten Zeit, "Gegeben ist [die Welt] aus unergründlichen Quellen..."[3] Sollten diese Quellen nicht Platons Anfang, Gott, sein?

Der Accessionskatalog von Overbecks Bibliothek (A 334) zeigt, dass Overbeck zwischen 1883 und 1886 nicht weniger als 28 verschiedene Bände von Platon anschaffte, oft verschiedene Uebersetzungen derselben Arbeit. (Schon viel früher hatte er mehrere Bände angeschafft.) Das weist darauf hin, dass Overbeck sich in diesen Jahren intensiv mit Platon beschäftigt haben muss.

Im "Kirchenlexicon" (A 234) befinden sich 32 verschiedene Titel über Platon, die meisten aus der späteren Basler Zeit. Darunter ist der Titel "Platon (Lehre) Ideen", unter welchem Overbeck Notizen aus Eugen Dührings Kritische Geschichte der Philosophie (Berlin, 1869) machte. Diese Notizen stellen die Verbindung zwischen Entstehung und menschlicher Erfahrung einer Entstehung dar. Sie werden hier ganz wiedergegeben.

> Der leitende Grundgedanke eigner Conception ist bei Plato der der Ideen, "die Vorstellung von einer den edelsten Typus der Existenzen enthaltenden, schöpferisch wirksamen und für die Gestaltung der Dinge vorbildlichen Idee. Die Erfassung der ideelen Muster, hinter denen das wirkliche Dasein mit seinen Gestaltungen zurückbleibt, - diese metaphysisch künstlerische Vertiefung in das, was aus den lebendigen Gestaltungen der Natur und besonders aus der Erscheinung des Menschen spricht, macht nicht nur Platons Eigenthümlichkeit aus, sondern stimmt auch vollkommen mit dem dichterisch gearteten Wesen seines ganzen Philosophierens, ja sogar mit einem Grundzuge des Griechischen Geistes überein." (Dühring, Kritische Geschichte der Philosophie, S. 99) Freilich dürfe man nicht, wie Aristoteles, die platonischen Ideen mit dem Begriff der Gattung und zwar des Gattungsallgemeinen gleichstellen (S. 99f). Plato erfasste "den Inbegriff der Vollkommenheit als ursprünglichen Typus unter dem Namen der Idee" (S. 100), der Begriff kann "nur aus der ästhetischen Anschauung der edelsten Menschlichkeit

> entstanden sein" (100), aber schon unter Plato's eigenen
> Händen entartet die ursprüngliche Conception: "Die doppelte Rolle, welche ihr aufgebürdet wird, nämlich der
> ganzen Wirklichkeit zu entsprechen und zugleich den
> edelsten Typus des Seins zu vertreten, verdunkelt die
> Reinheit ihrer ursprünglichen Gestalt und überliefert
> sie jener Mehrdeutigkeit, in welcher die spätere vollständige Verwischung ihrer Züge durch Aristoteles
> einigermassen vorbereitet war" (S. 101). Nach Dühring
> liegt die Schwäche der platonischen Ideenlehre darin,
> dass die Ideen von Plato "von vornherein nach dem
> Bilde bewusster Gedanken vorgestellt worden sind"
> (S. 104). Streife man diese Verkehrtheit von der platonischen Vorstellung ab und setze an Stelle der Bewusstseinsform für die Ideen "etwas Triebförmiges,
> in welchem der Gegensatz des Bewussten und Unbewussten noch gar nicht in Frage kommen kann," so
> lasse sich in der platonischen Ideenlehre ein berechtigter von einem unberechtigten Bestandtheil scheiden
> (S. 104).

Die Ideen sind in der Erfahrung der Entstehung nicht als solche erkannt und objektiviert, man ist sich ihrer nicht als Ideen bewusst. Vielmehr wird das Bewusstsein durch das Entstehende geformt, das Entstehende ist etwas "Triebförmiges". Aus einer anderen Quelle schrieb Overbeck für sich ab,

> Die eigenthümliche Leistung Plato's bestehe "nicht in
> der Absurdität substantieller Ideen," sondern die ganze
> Lehre "drehe sich um die Methexis oder Parusie, d.h.
> um die Gemeinschaft von Sein und Bewegung oder um
> die Durchdringung und Beherrschung und Erlösung der
> Welt durch den Gott". (Teichmüller, Litterarische
> Fehden im 4. Jahrhundert vor Christus. Breslau,
> 1881, S. 9)[4]

Die Methexis ist das Teilhaben des Werdenden an der Idee, die Parusie ist die Gegenwart der Idee in den immer entstehenden und vergehenden Dingen.[5] Wie Teichmüller die Beziehung von Gott und Idee dachte, ist hier nicht von Interesse, denn hier genügt die Feststellung, dass substantielle Ideen "absurd" seien, d.h. Gott ist auch keine Substanz. Overbecks Konzeption der Entstehung würde die Behauptung, dass Gott der unerschöpfliche Grund der Entstehung, d.h. der triebförmigen Ideen, sei, nicht ausschliessen. Ob diese Behauptung wirklich zutrifft, muss noch näher untersucht werden.

Es kann von einer Bewegung im Christentum gesprochen werden, in welcher ursprünglich triebförmige Ideen zu substantiellen Ideen entarten. Aus Glauben wird Gnosis. Das Urchristentum war das Christentum in seiner Geburt, in seiner formativen Zeit.

Aber auch die Theorie der Entstehung muss ihre Existenz einem "Triebförmigen" verdanken. Sie muss auch ein Ding dieser Welt sein, das den Bewusstseinsinhalt formt und schliesslich vergeht. Plato ist der Grund - man kann auch sagen, die Form - der westlichen Philosophie. Mit Platon (und seinen Vorgängern) ist etwas äusserst Kräftiges entstanden, das noch immer wirkt, d.h. formt. Ja das, was das Christentum aus der Welt ansetzte, war vor allem die Philosophie.

> Die Welt ist es vielmehr, die sich behauptet hat, nicht die christliche Erwartung von ihr, und so ist die vermeintliche christliche Epoche in ihr stets nur ein Gedankending geblieben, das nun alle Schwierigkeiten mit solchen Dingen zu theilen hat, die dafür bestehen wenn sie sich in der Geschichte behaupten wollen. Höchstens als Epoche des Alters der Menschheit aufgefasst, hat das Christenthum eine wirklich historische Bedeutung und kann eine christliche Chronologie begründen, verjüngt hat das Christenthum die Menschheit nicht. Vieles Alte mag mit ihm als vergangen erscheinen, nichts Neues ist mit ihm in die Welt getreten, auf die Dauer vielmehr in ihm nur das Alte wieder zum Vorschein gekommen, nicht verjüngt, sondern aus seinen alten Wurzeln weiterlebend und darum nur gestattend Altersunterschiede zu beobachten, aber keine die auf ein jüngeres Leben schliessen liessen. Diese Erkenntniss verkündet allen Organismen, die den uns allein bekannten Bedingungen der Entwicklung unterworfen sind, ebenso gut Vergänglichkeit als Ewigkeit. Bis zu seinem gänzlichen Aufhören ist nichts so alt, dass es keinen Antheil mehr an seiner einstigen Jugend hätte, dagegen nur ein Wahn kann von einer diesen Organismen irgendwoher zuwachsenden neuen Jugend träumen, und gar von einer solchen Jugend die ihnen Gewähr leistete für eine über sie selbst fortdauernde Existenz. Was an uns ewig ist, ist in uns stets gewesen und uns nicht erst nachträglich in einem historischen Moment unseres Lebens zu Theil geworden. Gegen diese Auffassung der Geschichte kann auch die von uns Menschen mit dem Christenthum gemachte Erfahrung nicht aufkommen, sie wird vielmehr durch diese nur bestätigt. Höchstens darum, weil es die Menschheit besser und leichter als einen Organismus der allgemeinen Art, der entsteht, blüht und vergeht, begreifen lehrt, kann das Christenthum im Ernste das besondere historische Interesse, das ihm zugesprochen wird, ernstlich verdanken.[6]

Die Welt, die sich behauptete, war die griechisch-römische. Das Ewige an uns kann daher von zwei Seiten betrachtet werden: einmal als die ewige Jugend einer Form,

109

die noch formt, d.h. die ewige Jugend der griechischen Philosophie in ihrer kräftigen Wurzel; dann als die Beziehung des Menschen zu aller Entstehung, zu Gott. Ohne das erste kann man aber vom zweiten nicht reden, denn Gott als Quelle aller Entstehung ist griechische Philosophie oder in der Form dieser Philosophie. (Alle menschliche Beziehung zu Gott hat immer schon eine Form.) Die Welt lebt aus ihrer alten Wurzel: Wenn diese Wurzel die Gottesbeziehung ist, kann sie nicht alt sein; als Form dieser Beziehung kann sie sehr alt sein, aber jung genug, um das menschliche Bewusstsein weiterhin zu formen. Das Christentum bestätigt nur die alten Wahrheiten des Entstehens und Vergehens, d.h. Wahrheiten, welche der westlichen Kultur zugrundeliegen. Aber die Form der Welt ist keine beliebige, sondern eben die Form der Welt - die mächtigste von allen Formen.

Plato ist für Overbeck auch der Vertreter der Gnosis und daher der Korruption der Theologie. Unter dem Titel "Plato (Allgemeines)" (A 234) schrieb Overbeck folgendes.

> 1. "Plato ist bedeutend und anziehend durch seine dichterische Gestaltungskraft philosophischer Stoffe. Dies hindert aber nicht, dass gerade er schon die Wendung einleitet, welche nachher vollzogen wird und dann immer entschiedener das Sinken der Philosophie im Gefolge hat." (Dühring, Kritische Geschichte der Philosophie, S. 96)
>
> 2. "Im grossen Verhängniss des Christenthums ist Plato jene 'Ideal' genannte Zweideutigkeit und Fascination, die den edleren Naturen des Alterthums es möglich machte, sich selbst misszuverstehen und die Brücke zu betreten, die zum 'Kreuz' führte." (Nietzsche, Götzendämmerung. Leipzig 1889, S. 134)
>
> 3. "Plato ist tief, leidenschaftlich in allem Antihellenischen." (Nietzsche, Wille zur Macht, Aph. 239, Werke XV, 241 der Aus. kl. 8°, Leipzig 1901) - "Der Moral Fanatismus (kurz: Plato) hat das Heidenthum zerstört, indem er seine Werthe entwerthete und seiner Unschuld Gift zu trinken gab." (Nietzsche, ebenda Aphor. 241, S. 244.)

Nietzsches Kritik an Platon ist, dass die Welt nur wahr und gut für Platon sei, sofern sie von überweltlichen Ideen beherrscht sei. Die Ideen sind das Mass des Wahren und Guten. Die Ideen sind aber nur moralische Projektionen des Menschen, und daher kann Nietzsche Platon sagen lassen, "Ich, Plato, bin die Wahrheit". Im Christentum wird nur Platonismus fortgesetzt.[7] Overbeck schreibt in ähnlicher Weise vom Christentum.

> Nicht über die Welt aufklären, sondern über sie helfen will das Christenthum, es kümmert sich darum auch gar nicht um die Welt, wie sie ist, wohl aber darum, wie sie sein

soll. Damit will es aber aufklären über das, wofür es für uns keine Aufklärung gibt. Das Christenthum richtet für seine Zwecke seine Blicke dahin, wo für menschliche Augen nichts zu sehen ist... ...Unser menschliches Bedürfnis, die Welt zu sehen, wie sie ist, lässt es jedenfalls unbefriedigt...[8]

Bei Nietzsche werden die moralischen Projektionen der überweltlichen Ideen vom Willen zur Macht produziert. Man kann sagen, in der Metaphysik etabliert sich der Mensch als Weltrichter. Diese Selbstbehauptung des Menschen wird man im folgenden Kapitel in Overbecks Kritik an der Theologie finden. Das folgende Zitat kann als Uebergang zu jenem Kapitel dienen.

(Aus einem mindestens 2 Jahre älteren in meinem Schreibtisch verstreuten Zettel am 10. April 1905 abgeschrieben.)

Jesuitismus, worin besteht sein Geist? Er kann das Erzeugniss natürlicher menschlicher Individuen gar nicht sein, sondern nur einer Kirche (eines Menschenvereins oder Gruppe), welche die Welt vernichtend auf den Einfall gedrängt worden ist, die Welt in ihre Dienste zu nehmen. Für diesen Zweck hat der Jesuitismus die Welt (die in der Nothwendigkeit nur subjectiver Auffassung denkenden Menschenwesens begriffene oder zusammenfasste Gesammtheit der Dinge) erst zu weihen für nöthig befunden. Auf die "Bedeutung" (Brauchbarkeit) der Welt soll nicht verzichtet werden, aber doch die Welt zuvor mit einem Heiligschein versehen werden. Das sind aber Operationen, die keine Aussicht haben jemals die Billigung aller Menschen zu finden, so weit diese in ihren Grenzen bleiben. Hier werden zu krumme Wege gewandelt, als dass geradere unter Menschen ihre Bevorzugung je ganz verlieren können. Ist über die Welt ein Urtheil zu fällen, und ist sie nur zum Verfluchen oder nur zum Segen "gut" genug, so mag ihr allmächtiger Schöpfer, wenn anders es ihn giebt, mit ihr thun was er für gut befindet und sie segnen auch wenn er sie verfluchen sollte und umgekehrt. Und er allein kann die Welt gebrauchen, vorausgesetzt wenigstens, dass er nicht an sein Urtheil gebunden ist, welche Voraussetzung indessen für menschliches Denken völlig bodenlos ist. Denn gebrauchen kann man nach menschlichen Begriffen nur was man seinen Zwecken gemäss verändern kann, sei es nun verbessern oder verschlechtern. So willkürlich können aber menschliche Individuen, die sich ihrer Schranken bewusst

sind, als soche nimmer mehr. Denn sie besitzen über
die Welt kein Urtheil, das ihnen die Macht, sich so zu
ihr zu halten, verliehen. Die Welt ist ihnen wohl gegeben, um <u>sich</u> in sie zu finden aber nicht um sich mit
ihr mit eigenen Künsten soverän wegzusetzen und mit
ihr zu machen, was sie wollen. <u>Gegeben</u> ist sie ihnen
aus unergründlichen Quellen, und eben darum können
sie auch sich in sie finden, nur bei vollkommener Unbefangenheit ihrer Weltauffassung, welche allein ihnen
jede Veranlassung nimmt, einen Ausweg aus ihr (der
Welt) zu suchen. Diesen giebt es aber für das Denken
natürlich in die Welt gestellter Menschen. Zum <u>willkürlichen</u> Weltgebrauch sind solche Menschen nicht
gemacht, sie können nicht bei deren Gebrauch Ja und
Nein zugleich sagen. Das thun aber die Jesuiten, und
fragt man, wie Menschen zu einem so grundverkehrten
Verhältniss zur Welt gekommen, so ist keine andere
Antwort möglich: Niemals als Menschen in ihrer <u>natürlichen</u> Isolierung als Individuen, sondern als schon historisch gruppirte, durch Cultur und Geschichte schon
durchgegangene Menschen. Nur die historische Situation der katholischen Kirche, welche den Jesuitismus
aus sich hat hervorgehen lassen, lässt ihn auch verstehen. Nicht Menschen als solche oder der Natur haben ihn geschaffen, sondern nur historisch verlebte,
in diesem Leben geförderte und heruntergebrachte vernutzte Menschen. Gegen diese Deutung giebt nur die
Grundvoraussetzung der Theologie dem Jesuitismus
die Möglichkeit. Kein Wunder, denn diese Grundvoraussetzung hat nun den Jesuitismus selbst unter Menschen geschaffen. Denn nur um sich die Welt zu assimiliren und sich zu unterwerfen haben sie Gott und Religion erfunden. [9]

Der Jesuitismus ist Produkt der Theologie, welche die Dinge nicht so lässt, wie
sie sind, sondern Gott und Religion erfindet, um die Welt in ihren Dienst zu zwingen.
d. h. in ihrer Gegebenheit zu vernichten. Die Theologie stellt sich vor, über die
Welt ihr Urteil fällen zu können. Die Theologen sind aber Produkte der Geschichte,
geschichtliche Menschen, "vernutzte" Menschen. Die Isolierung von Individuen ist
hier nur gemeint als Gegensatz zum Jesuitismus, als Freiheit von seinem Zwang.

Anmerkungen zu Kapitel 11

1) <u>Platons Werke von F. Schleiermacher</u>, Teil III, Band I, <u>Der Staat</u> (Berlin, 1862), 103f.

2) Ebenda, Teil I, Band I (Berlin, 1855), 77.

3) A 227, "Jesuitismus (Allgemeines)", § 14, 23.

4) A 234, "Plato (Lehre) Allgemeines". Unter dem Titel "Plato (Lehre) Parusie" verweist Overbeck auf Teichmüller, <u>Geschichte des Begriffs der Parusie</u> (Halle, 1873), 9ff. Vgl. die Erwähnungen von Teichmüller in <u>F. Nietzsches Briefwechsel mit Franz Overbeck</u> (Leipzig, 1916). Teichmüllers Arbeit zum "Zeitbegriff" und "Dauer" hat wahrscheinlich Overbecks Denken über diese beeinflusst: Teichmüller, <u>Die wirkliche und die scheinbare Welt</u> (Breslau, 1882), Teil 2.

5) Teichmüller, <u>Geschichte des Begriffs der Parusie</u> (Halle, 1873), 9.

6) A 219, "Christenthum (Zeit) Allgemeines", §1, 2f; siehe CK, 72.

7) Nietzsche, <u>Götzendammerung</u> (Stuttgart, 1964), 99f.

8) A 230, "Momento mori des Christenthums", §2, 1f; siehe Nigg, 142f.

9) A 227, "Jesuitismus (Allgemeines)", §14, 20ff.

Kapitel 12. Theologie

> Die moderne Theologie ist die Schminke auf den erbleichenden Wangen des Christenthums der Gegenwart und darum nur ein Symptom des Alterns des Christenthums...[1]

Es gibt nichts Durchgängigeres in Overbecks späteren Notizen als seine Kritik an der Theologie als der Wissenschaft, welche das Christentum in der Welt vertritt mit weltlichen Mitteln. Seine ganze Kritik ist praktisch auf diesen einen Punkt konzentriert.[2]

> Die Theologie ist weiter nichts als die idealistische Entleerung der lebendigen oder realen Religion für den Zweck ihrer abstracten, begrifflichen Vertretung oder Apologie.[3]

> Sehr naiv treten die Erdverkehrtheiten der Praetentionen der theologischen Apologetik bei Augustin, De Doctrina Christiana IV, 3 (opp. III, I, 112f) hervor. Man weis und glaubt, dass die Kunst der Rhetorik eine Kunst des blossen Scheins ist, welche ebenso gut das Wahre wie das Falsche plausibel zu wahren dient. Aber eben darum ist es eine Waffe, auf die im Kampfe mit dem Gegner zu verzichten für die christliche Wahrheit eine Thorheit wäre. - Man soll aber nicht brauchen, was man geringschätzt, das hat niemand mehr als Augustin, die Theologie bei der Stelle, die sie sich Wissenschaft und weltlichen Bildung als Mittel zum Zweck gab, vergessen. Eine gegen sich selbst wahre Kirche durfte nie apologetisch werden. Apologetik ist eine fundamentale Lüge. Man benutzt etwas was beim Gegner im Ansehen steht um etwas was ihm fremd ist, was man aber selbst allein hochschätzt, ihm aufzureden. Die Voraussetzungen von denen die Parteien ausgehen sind also verschieden und der Streit durchaus unehrlich, da diese Verschiedenheit der Voraussetzungen verschwiegen bleibt. Der Apologet nimmt die Miene an, als glaube er an die Unentbehrlichkeit des weltlichen Aufputzen für die von ihm vertretene "Wahrheit".[4]

In der Gegenwart macht die Theologie keinen Unterschied mehr zwischen weltlicher Rhetorik und ihrer eigentlichen Sache, und darum bezeichnet Overbeck dies als das "Sichselbstvergessen der Religion."[5]

> Die Theologen sind scheinbar zur Vertheidigung des

Christenthums angestellt, in Wahrheit, als Leute die
solche Anstellung annehmen, seine geborenen Ver-
räther. Sie studieren im Interesse ihres Dienstes die
Welt, und bleiben (unvermeidlicherweise) in dieser
hängen, ihr Christenthum darin verlernend. [6]

Theologie ist "die Kunst, die Religion loszuwerden". [7]

Die Theologie hat das Christenthum so weit herabge-
bracht, dass sich dieses vor der Welt beugt und selbst
seine weltliche Anerkennung als die Voraussetzung seiner Beherrschung der Welt anerkennt. Und das wird
nicht anders sein, so lange die Theologie die Praetention der Aufgabe erhebt, "den Wahrheitsgehalt der
christlichen Religion in den Denkformen der Zeit aus-
zuprägen", (so gegenwärtig die "moderne Theologie",
z. B. der Harnackianer Rolffs, vgl. unter "Theologie
(Aufgabe)" S. 6f.) und mit dieser Praetention Anerkennung findet. Denn da jede "Ausprägung" der Ast auch
eine "Umprägung" ist, ist die ganze Praetention an
sich eine Bedingung für das Christenthum, das selbst
lebend sich auch selbst beweist und sonsther solchen
Beweis erhaltend ihn nur mit Verlust seines eigenen
Lebens oder seine Freiheit annehmen kann. Das Theo-
logenchristenthum ist stets das mit dem Beifall der
Zeit (und zwar der wechselnden Zeit) ausgestattete
Christenthum, d.h. stets nur ein maskirtes und ge-
fälschtes Christenthum, nie das echte. Unserer Zeit
haben wir es aber zu danken in Hinsicht auf die Erkenntniss dieser Wahrheit so vorzüglich gestellt zu
sein, nämlich durch die moderne Theologie selbst,
die selbst anerkennt, dass sie ihre Stärke nicht etwa
aus dem Christenthum zieht, sondern aus ihrer (der
gegenwärtigen) Zeit. (Vgl. dazu "Theologie (meine)",
S. 14.) Das theologische Christenthum ist nie etwas
anderes als das auf die Selbstgefälligkeit einer Men-
schenerfindung gestellte Christenthum, d.h. auf einem
periodischen Platzen ausgesetzte und daher selbst unab-
lässigem Welchsel unterworfene Blase. [8]

In diesem Zitat klingen Themen an, die für Overbeck sehr wichtig sind. Erstens:
Die Kirche oder das Christentum muss sich selbst beweisen können. Wenn das
Christentum einen solchen Beweis nicht leisten kann, dann ist sein Leben ge-
schwächt und in Frage gestellt. [9] Das zweite ist dies: Wenn das Christentum zur
Welt gehört, ist es notwendigerweise der Veränderung ausgesetzt.

Dass das Christentum, wenn es leben soll, sich selbst beweisen muss, wird in den
späten Handschriften von Overbeck überall angetönt. Z.B. kann nur ein heroisches

Christentum, das für sich allein steht, der Gefahr entfliehen ein theologisches Christentum zu werden.[10]

> Der Name Christi beweist in Christenthum Alles oder Nichts. Auf keinen Fall lässt er irgend einem Anderen noch etwas neben ihm zu verweisen übrig. Das ist die Gottheit dieses Namens, die sich selbst beweist oder überhaupt nicht zu beweisen ist...[11]
> In der Religion stehen wir Menschen eben nun einmal (wissenschaftlich) auf "Nichts", und niemand kann uns denn auch demgemäss noch etwas anhaben, wenn wir wissenschaftlich davon redend uns auch "auf Nichts stellen" und <u>negativ</u> reden.[12]
> Mag sein, dass die Kirche heute singen kann und muss: "Ich hab' mein Sach auf Nichts gestellt!". Wer glaubt aber noch an die romantische Lustigkeit dieses Gesängs für sie?[13]

Overbeck zweifelt, dass ein solches Christentum überhaupt möglich sei.

> Auf die Theologie komme es für das Christenthum gar nicht an, denn es stehe auf sich selbst und könne demgemäss selbst gleichgültig zusehen, wenn sich auch etwa die Theologen in der Welt "unmöglich" machten und darin am Ende auch ganz ausgingen. Nur fragt sich ob dieser Standpunkt selbst ein für das Christenthum der Gegenwart noch möglicher ist, ob sich das Christenthum noch darauf zu versetzen vermag. Zwar könnte die Sache auf den ersten Blick gar nicht als besonders schwer erscheinen, ja als geradezu den Gläubigen besonders naheliegend. Sie brauchen nur der altchristlichen Mahnung zu gedenken: "Tretet nicht so zahlreich als Lehrer auf meine Brüder, ihr wisset, wir bekommen nur grössere Strafe." (Jacobus 3, 1) Wie tröstlich klingen diese Worte, welche die Spärlichkeit der Lehrer als eine Erfahrung bezeugen, der schon das älteste Christenthum mit so grosser Ruhe entgegensah, dass es selbst sie herbeizuführen trachtete! Was kann einem Christenthum, dem von so langem her die Zahl der in ihm zum Lehrerthum Berufenen für gering gegolten hat, selbst das etwa einmal sich einstellende gänzlich Ausbleiben der Theologen viel anhaben! Und in der That will ich einem ganz naiven, noch von keiner geschichtlichen Erkenntniss beirrten Christenthum solchen Trost nicht kürzen, nur bezweifle ich, dass es ein solches Christenthum überhaupt noch giebt oder noch geben kann. Gerade die hier vorliegende Berufung des Christenthums auf seine Urzeit ist was kaum noch

> unter Christen gestattet ist, oder doch nur so lange die
> Unklarheit über den Begriff "Urchristenthum" noch fort-
> besteht, der allerdings der gegenwärtige Kirchenge-
> schichtsschreibung kaum schon Sorge gemacht hat, aber
> doch wohl selbst am Verlöschen ist. Ist einmal das "Ur-
> christenthum" als etwas wirkliches erfasst, und nicht
> mehr etwas, was lediglich eine Wortexistenz führt, (vgl.
> "Urchristenthum (Allgemeines)", S. 1f.) so wird sich
> auch die unüberwindliche Schwierigkeit jeder Berufung
> eines gegenwärtigen Christen auf das Urchristenthum
> herausstellen. Sie beruht darin, dass jeder Christ, der
> noch so thut, sich in einem blossen Wahn befindet, wenn
> er meint, die Welt des Urchristenthums sei noch die-
> selbe, wie die, welcher er als Christ anzugehören sich
> bewusst ist. Die Welt ist aber vielmehr seitdem wirk-
> lich und auch für das Christenthum eine andere gewor-
> den... ... Idealen Succurs also für das heutige Christen-
> thum aus dem Urchristenthum erwarten, heisst einem
> ähnlichen Wahn unterliegen wie der reiche Mann in der
> Unterwelt, Lucas 16, 24. [14]

Overbecks Zweifel an der Möglichkeit eines wahren Christentums hängt mit dem Problem der historischen Erkenntnis zusammen. Ein naives Christentum hat keinen Kontakt mit der Geschichte. Das wäre ein Christentum, das für sich allein stünde, so wie das Urchristentum. Der Versuch, ein solches Christentum wieder zu erlangen, würde nach Overbeck Rückkehr zum Urchristentum bedeuten, und das ist unmöglich. Zu viel ist dazwischengekommen - nichts weniger als die ganze Welt. Die Formen der Welt können mit dem Willen nicht ausgelöscht werden, z.B. mit einem Sprung zurück ins Urchristentum. Man hat keine Wahl, als da zu beginnen, wo man jetzt ist, und das Christentum ist lange Zeit "in der Welt" gewesen. Seine Erfahrung mit der Welt ist grundlegend anders als jene des frühesten Christentums.

> Was sie [die moderne Theologie] sich aber mit allen
> Mitteln zugleich vom Leibe hält ist die Zumutung der
> Anerkennung, dass wir zur freien Ausübung dieser Kri-
> tik einer totalen Umänderung unserer bisherigen Stel-
> lung zum Christenthum bedürfen. Kritik (natürlich des
> Namens werthe, d.h. rücksichtslose) am Christenthum
> heisst den Glauben an dieses verloren haben, eine Frei-
> heit, die man zuvor nicht gehabt hat, sich nehmen
> ... Die Zeiten sind für das Christenthum andere gewor-
> den als sie einmal waren, das anzuerkennen ist ein
> Grunderforderniss zu unserer reinen Auseinanderset-
> zung mit dem Christenthum. [15]

Weil das Christentum in einer ganz anderen Beziehung zur Welt steht, ist ein absolut freies Ueberdenken dieser Beziehung zum Christentum, und d.h. Kritik, nötig.

Diese Entwicklung war unvermeidlich vom Augenblick an, als das Christentum in den Geschichtsprozess eintrat. Nur in der Geschichte kann eine Veränderung der Zeit und damit eine neue Beziehung von Welt und Christentum entstehen. Die Störung des harmonischen Verhältnisses zwischen der Religion und deren Anhängern ist aber unvermeidlich.

> Diese Störung muss aber bei jeder historisch gewordenen Religion einmal eintreten und mit ihr die Verwandlung der Theologie aus einer apologetischen in eine kritische. Ihre Aufgabe wird aber zu einer kritischen nicht früher als bis die Freiheit, die sie bringt, auch schon eine begehrte geworden ist. ... Wie es aber damit steht, das ist nur aus den allgemeinen Verhältnissen der Zeit festzustellen. Die Christlichkeit einer Theologie bestimmt sich jedes Mal erst aus der Christlichkeit ihrer Zeit. Auflösend (kritisch) oder aufbauend (apologetisch) ist die Theologie stets nach der Richtung ihrer Zeit. [16]

Overbeck macht auf die "Beziehung der Zeit" aufmerksam, welche die Entwicklung der Theologie bestimmt. Aber die vorausgehende Bedingung ist äusserst wichtig: Zuerst muss eine Religion historisch werden. Dann geht sie unvermeidlich der Kritik entgegen. Historisch werden, heisst zeitlich und daher vergänglich werden. Wie in der Christlichkeit kann das Christentum völlig frei und unabhängig bleiben von Welt und Geschichte, so lange seine Anhänger den Grenzen der Welt entrückt werden - dorthin, wo die göttliche Ewigkeit das Sein der Wirklichkeit bestimmt.

> Echtes Christentum ist nie etwas anderes als Empfindung der Nähe des erwarteten ewigen Lebens und Vergessen der Thatsache, dass sich zwischen diesem Leben und dem der Zeitlichkeit die Dauer der Weltgeschichte schiebt. [17]

Die Unmöglichkeit, diesen längst verlorenen Stand wieder zu gewinnen, ist wie schon viel früher ein wichtiger Punkt in Overbecks Denken. Es ist wesentlich die "pietische" Anstrengung, die versucht, das ursprüngliche Christentum wieder zu gewinnen.

> Allem christlichen Pietismus gilt das Urchristenthum als die Mustergültige, so zu sagen classische Periode des Christenthums. Mit Recht, weil diess auf einem natürlich begründeten, auf wirklicher Empfindung für das Christenthum beruhenden Maassstab entnommen ist. [18]

Theologie ist darum selber pietistisch.

> Die theologische Auffassung des Urchristenthums als der Jugendperiode des Christenthums, und darum als seiner idealen, so zu sagen classischen, vollkommensten und demgemäss vorbildlichen, ist mit der Theolo-

> gie aufgekommen und noch in modernen Zeiten insbe-
> sondere im Pietismus wiederbelebt worden, indem
> sie [sic. er] insbesondere ein Symptom wiederauf-
> wachendes Lebens in der Auffassung des Christen-
> thums gewesen ist. [19]

Im Pietismus ist die Distanz zwischen den Zeiten zutage getreten, und darum bleibt nur die Möglichkeit einer Willensanstrengung, um diese Distanz zu überwinden.

> Pietismus [sc. Pietisten] sind in der Geschichte alle
> Christenthümer, welche die "Welt" ihrer Gegenwart
> dem ursprünglichen oder reinen Christenthum nach
> Möglichkeit zu assimiliren bemüht sind. [20]

Overbeck hat auch in seiner letzten Zeit das Mönchtum sehr hochgeschätzt wegen seines Versuchs, den Unterschied zwischen seinem Stand und dem ursprünglichen Christentum zu überwinden. Overbecks Bemerkungen zum Mönchtum sind verbunden mit der Kritik am Protestantismus, der, weil er die Welt so wie sie ist, annimmt, nicht von Ueberwindung der Welt spricht, sondern von einem Leben der "Innerlichkeit".

> Doch ist der grosse Unterschied, dass Pietismus als
> reaktionäre Bewegung im <u>Katholicismus</u> [das Mönch-
> thum] <u>wirklich</u> historisch ein Umkehr des Katholicis-
> mus zu seinen Anfängen, nämlich zum Urchristenthum
> bedeutete... [21]

Die Theologie ist pietistisch, aber es fehlt ihr das, was den wahren Pietismus kennzeichnet, der praktische Versuch nämlich, das christliche Leben in der Erwartung des kommenden Reiches Gottes zu leben. Das ist es, was das Mönchtum auf die höchste Stufe des historischen Christentums erhebt.

> Die Orthodoxie ist das Produkt des Ideals, das Christen-
> thum durch Theorie (Dogmatik) zu erweisen, der Pietis-
> mus das des Ideals, diesen Erweis aus dem Leben (der
> Praxis) zu bringen. Es ist kein Wunder, dass die moder-
> ne Welt so sehr nach Orthodoxie lechzt und sich so we-
> nig aus dem Pietismus macht...... In der That freilich
> liefert das moderne Christenthum auf diesem Wege nur
> den schlagendsten Beweis, dass es ihm lediglich um die
> Modernität zu thun ist, dass in ihm nur diese sich
> selbst will, das Christenthum aber die Nebensache ist.
> Denn die innerste und reale Noth des Christenthums
> der Gegenwart sitzt in der Praxis... [22]

Aber Overbeck kann sich nicht als Pietist verstehen.

> <u>Soweit</u> sich der Religionsstreit der Gegenwart wirklich
> innerhalb des Gegensatzes der Orthodoxie und des
> Pietismus abspielt, sehe ich für meine Person ohne

> alles Wanken zum Pietismus. ... Aber das Schlimme
> für mich ist nur, dass ich überhaupt vom ganzen Streit
> nichts wissen mag und mir schliesslich auch kein Pie-
> tismus helfen. Ich weiss aus tiefster, aus mir selbst
> geschöpfter Ueberzeugung, dass ich auch um des Pie-
> tismus willen verloren bin.[23]

Der Grund für diese Feststellung ist das, was vorher dargelegt wurde: Die weltlichen Formen trennen ihn vom Urchristentum, und diese können nicht einfach übersprungen werden. Ewigkeit kann nicht gewollt werden. Nicht die Forderung nach Praxis ist das Hindernis, sondern der Irrtum des theologisch-pietistischen Denkens, der darin besteht, historisch sich auf das zu beziehen, was für das Urchristentum die unmittelbare Erfahrung naher Ewigkeit war.

> Die Franciskaner kehren zum Urchristenthum zurück,
> und eben in dieser <u>Rückkehr</u> liegt der Unterschied,
> denn das Urchristenthum war ein neuer Anfang.[24]

Geschichte ist unvermeidlich objektiv, eine Form von Wissen. Was nicht unmittelbar ist, kann nur durch die Vermittlung des Wissens erkannt werden.

In seiner Jenaer Vorlesung über das Mönchtum (siehe oben S. 63) sagte Overbeck, dass das Stück von Welt, welches nicht zu überwinden ist, der Mönch selber ist. Im frühesten Mönchtum wurde ein Ideal erkannt und gewollt, aber der Mönch, der die Unmittelbarkeit des Ideals anstrebte, konnte den Tatbestand nicht überwinden, dass es schlussendlich das Subjekt selber war, welches sich zur Geltung brachte. Das hat schon mit der Erkenntnis zu tun, dass die Subjekt-Objekt-Beziehung "Subjektivismus" bedeutet. Overbeck schrieb die folgende Notiz in seinen späteren Jahren.

> Die Erbsünde dieses [des theologischen] Standpunkts
> liegt in seiner Subjectivität und der damit zusammen-
> hängenden Einbildung bei wissenschaftlicher Betrachtung
> eines Objects bei diesem zwischen dem Ding als In-
> halt und als Form unterscheiden zu können, d.h. sich
> nach Willkür des Subjects aus dem ganzen aus diesen
> beiden Bestandtheilen bestehenden wirklichen Object
> sich das erwünschte zurecht zu schneiden.[25]

Das ist der Wille der Theologie zu sich selbst. Die Kritik des Subjektivismus in der Theologie erscheint auch in einer Bemerkung über einen fundamentalistischen Theologen, der eine Wiederherstellung des Urchristentums versuchte. Der Theologe, L. Reinhardt,[26] hatte zum berühmten pietistischen Basler Missionshaus Beziehungen.

> Reinhardt redet wirklich in der Sprache des Urchristen-
> thums. Er erzählt von sich S. 163 ganz wie Paulus Gal.
> 1, 11ff, er bedient sich wirklich S. 158 derselben Logik,
> wie der Verfasser des Hebräerbriefs. Das kann aber für
> Menschen der Neuzeit nichts anderes heissen als in die

> Barbarei zurückfallen. So kann man eben nicht mehr reden, und mag Reinhardt auch tausendmal mit seinem Anspruch Recht haben, der Sprache der Bibel näher zu stehen als unsere übrige Theologenwelt, ihr verwandter zu sein als diese, eben dieser Anspruch ist es der ihn für jeden frei denkenden Menschen, der überhaupt darauf verzichtet, sich mit irgend einem heiligen Buchstaben gleichzusetzen, schliesslich doch unter jene vulgären Theologen setzt. Reinhardt ist ein Schwärmer, der um seiner Uebereinstimmung mit der "Bibel" willen sich nicht scheut tabula rasa mit aller Cultur der Zeit zu machen. ... In ihm und seinesgleichen incarnirt sich der eigentliche Wahnsinn des Protestantismus und seines Glaubens, dass es darauf ankomme, sich auf das Urchristenthum zurückzuschrauben. ...
>
> In der That hat denn auch Reinhardt wie alle Schwarmgeister schliesslich nicht die Bibel, noch sonst etwas anderes "bewiesen", sondern nur sich...
>
> ...die Bibel als das Piedestal erscheint, auf dem schliesslich er allein zu stehen kommt. Seine Authorität ist die einzige, die er zu begründen wenigstens meinen kann, die der Bibel untergräbt er nur, wie denn Untergraben die eigentliche Kunst der Schwarmgeister ist...[27]

Dieses Zitat von Overbeck ist besonders interessant im Hinblick darauf, dass für ihn alle echten Theologen "Schwarmgeister" sind.

> Denn sie [die Theologen] sind, wenn sie echt sind, stets Schwarmgeister, Leute die zum sich Strecken nach dem Unmöglichen, Unerreichbaren nicht nur die Schwärmerei sondern auch noch die Dumbheit oder die Beschränktheit haben. [28]

Es läuft dem Subjektivismus der Theologie entgegen, wenn Overbeck sagt, dass das Christentum sich selber beweisen müsse. Auch das ist ein Gegenschlag auf diesen Subjektivismus, wenn er sagt, dass alle Versuche von Vertretung oder Verteidigung des Christentums durch die Theologie Verfälschungen des Christentums seien. Wenn das Christentum sich nicht selber beweisen kann, wenn es Theologen beiziehen muss als Lehrer, damit es unterstützt wird durch zeitlich bedingte philosophische Ideen, dann drängt sich der Lehrer vor oder setzt sich durch gegnüber dem, was eigentlich die Sache selber ist, und das Christentum erweist sich als schwach und wirkungslos. Aber gerade das ist es, was in der Geschichte des Christentums geschehen ist. So lange das Christentum sich selber bewies, blieb es frei von Subjektivismus und Geschichte. Als es dann zu einem Objekt in der Welt wurde, abhängig von der Kultur, da war es den Verwandlungen der öffentlichen Meinungen so unterworfen, dass die Theologie mit jeder Veränderung gezwungen war für ihr Objekt, nämlich das Christentum, ein neu angepasstes, glaubwürdiges Kostüm zu finden.[29] Und nun gibt es eine "moderne Theologie", die mehr als alles andere versucht, sich dem modernen Leben anzupassen: ad majorem gloriam moderni.[30]

> Mit den Formen schwindet in den Dingen auch das vermeintlich ewig Gültige in ihnen dahin... ...Selbst ewig bleibende Dinge, die sich in unserer Vorstellung ewig constümiren, das kann doch wohl nie oder doch nie anders als nur in einem sehr allegorischen Sinne zusammengehen.[31]

> Als blosser Inhalt ohne Form existirt in der Geschichte überhaupt kein Ding, und eben die Periode, welche irgend einen Inhalt mit einer Form versieht, macht eben damit auch das ganze Ding zu seinem Eigenthum.[32]

Eigentlich ist das Problem der Theologie nicht die "Schuld" der Theologen. Die Welt ging nicht zu Ende, wie das Urchristentum erwartete, und das Christentum wurde von der stärkeren Welt, von ihrer Form, erobert. Die Theologen sind sich nur dieser Lage nicht bewusst. Sie sind von ihrer Welt geformt und biegen die urchristlichen Formen, bis sie in ihre Welt passen. Und die Form ihrer Welt ist seit Platon die von Subjekt und Objekt, d.h. vom Subjektivismus, gewesen.

Anmerkungen zu Kapitel 12

1) A 238, "Theologie (moderne) Character. Vermischtes", §3, 3; siehe Nigg, 202.

2) Der Begriff "Vertreten" findet sich schon in der Christlichkeit, 110.

3) A 219, "Christenthum (Absolutheit) Allgemeines", §1, 2.

4) A 217, "Apologetik (Allgemeines)", §5, 4f.

5) A 238, "Theologie (Allgemeines)", §11, 18.

6) A 238, "Theologie (Christlichkeit) Bestreitung", §3, 6.

7) A 238, "Theologie und Cultur", §1, 1; "Theologie (moderne) Bedeutung in der Gegenwart", §1, 1.

8) A 238, "Theologie (Christlichkeit) Bestreitung", §11, 14ff. E. Rolffs, Adolf Harnacks Wesen des Christentums (Leipzig, 1902).

9) Vgl. Heinrich Heine, "Zur Geschichte der Religion und Philosophie in Deutschland", Heines sämtliche Werke, Band 4, Der Salon (Leipzig und Wien, 19-?; herausgegeben von E. Elster), S. 232: "Von dem Augenblick an, wo eine Religion bei der Philosophie Hülfe begehrt, ist ihr Untergang unabwendlich. Sie sucht sich zu verteidigen und schwatzt sich immer tiefer ins Verderben hinein.

Die Religion, wie jeder Absolutismus, darf sich nicht justifizieren... Lebt das Wort, so wird es von Zwergen getragen; ist das Wort tot, so können es keine Riesen aufrecht erhalten." Heine ist in den Manuskripten Overbecks nirgends erwähnt, aber seine sämtlichen Werke sind in Overbecks Katalog seiner Bibliothek 1888 eingetragen (A 334).

10) A 227, "Jesuitismus (Allgemeines)", § 10, 11; siehe Ck, 126.

11) A 219, "Christenthum (modernes) Charakteristik", §14, 16.

12) A 239, "Theologie (Negativität)", §1, 1; siehe Overbeck, Das Johannesevangelium (Tübingen, 1911), 120.

13) A 216, "Allegorische Interpretation. Allgemeines", §1, 2.

14) A 238, "Theologie. Mangel", §2, 5-7, 9.

15) A 238, "Theologie (Gegenwart) Kritik des Christenthums", 2.

16) A 238, "Theologie (Aufgabe)", §1, 2f. Vgl. oben S. 37.

17) A 239, "Theologie (moderne) Urchristenthum", §2, 4.

18) Ebenda, §2, 1.

19) A 240, "Urchristenthum (theologische Auffassung)", §1, 1.

20) A 234, "Pietismus (Allgemeines)", §3, 4; datiert vom 4.5.1905.

21) A 231, "Mission (christliche) Protestantische, Allgemeines", §3, 6.

22) A 234, "Pietismus und Orthodoxie. Gegenwart", §1, 1; siehe CK, 274f.

23) Ebenda, §2, 5f.

24) A 223, "Franciscaner und Urchristenthum", §1, 1.

25) A 208, "Johannesevangelium (Kritik) Allgemeines", §5, 4f.

26) L. Reinhardt, Kennt die Bibel das Jenseits? (München, 1900), 163.

27) A 235, "Reinhardt (L.) Kennt die Bibel das Jenseits? Vermischtes", §1, 4-5; §5, 21, 23f.

28) A 228, "Kritik und Schwärmerei", §2, 2.

29) A 219, "Christenthum (historisches) Allgemeines", §8, 5: "Das historische Christenthum ist das Christenthum seiner Theologen, das Welt- und Scheinchristenthum der Zeitlichkeit, das sein Leben in der Geschichte damit verbringt, sich stets umzukleiden und zu dieser Umcostümirung stets der Sanction seiner Theologen bedarf."

30) A 219, "Christenthum (Gegenwart) Entzweiung", §12, 30; siehe CK, 67.

31) A 225, "Harnack (Wesen des Christenthums) Wesen", §3, 4f.

32) A 111, Vorlesung, "Geschichte der Theologie im Mittelalter (Scholastik)", (1893), 11; siehe Overbeck, Vorgeschichte und Jugend der mittelalterlichen Scholastik (Darmstadt, 1971), 3f.

Kapitel 13. Liebe

a) Reduzierung der Religion auf das Mass des Menschen
___

> Wir brauchen zur Zeit drigend eine "Renaissance" -
> Nietzsche hat was ich darunter meine mit "Umwer-
> thung" aller Werthe" bezeichnet - wir brauchen nicht
> minder "Mystik" als Ersatz für die uns abhanden ge-
> kommene Religion oder wenigstens zur Entdeckung
> dieses Ersatzes. [1]

Die Frage ist, welche Formen sollen diese haben? Gewiss ist, dass die "Umwertung" der Theologie wichtig ist. Aber was ist das Positive?

Overbeck kann auf den Begriff der "Erziehung des Menschengeschlechts" zurückgreifen. Die Geschichte ist vor allem Overbecks Lehrmeister gewesen, indem sie lehrte, dass alle Formen weltlich und daher vergänglich sind. Damit schärft sie den Blick für das, was vielleicht bleibend und ewig genannt werden kann - falls es das gibt. Overbeck schrieb unter dem Titel "Offenbarung als Erziehung des Menschengeschlechts":

> Dieser Begriff der Offenbarung ist zwar nicht im moder-
> nen Rationalismus entstanden. Denn er ist beträchtlich
> älter und findet sich schon bei den ältesten Kirchenväter
> (Clemens Alexandrinus). Wohl aber ist dieser Begriff
> das Sondereigenthum des bezeichneten Rationalismus so-
> fern er in diesem der Grundstein der systematischen
> Humanisirung der Religion ist, in welcher die rationa-
> listische Reform der älteren Theologie gipfelt. Im Ra-
> tionalismus der modernen Zeit wird die als Erziehung
> der Menschen aufgefasste Offenbarung das Grunddogma
> der Theologie nicht in dem Sinne einer einfachen "Erwei-
> terung" dieser Disciplin, als sollte damit der tradirte
> Dogmenschatz der Theologie durch Hinzufügung eines
> neuen nur bereichert werden, sondern die ganze Disci-
> plin der Theologie wird damit auf neue Grundlagen ge-
> stellt, indem sie auf das Maass des Menschen reducirt
> wird. [2]

Schon viel früher, nämlich in der Leipzig-Jenaer Zeit, hatte Overbeck die Theologie - die kritische jedenfalls - eine "humane" Wissenschaft genannt (siehe oben S. 39). Auf das Mass des Menschen reduziert, heisst, dass das Menschliche das für den Menschen Wichtigste ist.

> Wie wir Menschen auch über uns denken mögen... so
> ist doch auf jeden Fall Menschlichkeit der höchste
> Ruhmestitel über den wir zu verfügen haben. [3]

Die Religion soll daher menschlich sein, wenn es sie überhaupt geben soll, auf das Mass des Menschen muss sie reduziert werden. Die Menschen sollen den ganzen Vorteil davon haben. Die Ueberweltlichkeit ist nun irreführend - nur innerhalb der Menschheit kann sich irgend etwas für den Menschen bewahrheiten.

> So lange uns Menschen das Dasein in den uns gegenwärtigen Bedingungen und Schranken gegeben ist, wird man unter uns nicht aufhören, ein Haar darin zu finden, dass Vergebung anderswo, nämlich in einer andern Welt, gesucht wird, als wo der Schade geschehen ist, den die Sünde angerichtet hat, nämlich unter uns Menschen. Erst sollen wir unter uns die Vergebung suchen, deren wir benöthigen, und wer benöthigt ihrer nicht - ich wenigstens spreche mit Einer grossen Schuld meines Lebenslieds aus Erfahrung - ehe wir daran denken, uns an Gott zu wenden, den "mit erhobener Hand" zu beleidigen unter uns eigentlich nur auf Grund einer jüdischen Erfindung gedacht wird, und holen uns da Verzeihung, wo wir wirklich unrecht gethan. Das kann wenigstens Humanität unter uns nur fördern, und deren Sache ist die einzige, die uns Menschen ernstlich und wirklich angeht. ...
> Dass die ritterliche romantische Weltansicht des Mittelalters sammt ihren Erben mit solcher Betrachtungsweise, ihre Pflicht gegen Gott zu versäumen fürchtete, verpflichtet uns noch nicht ihr nachzuempfinden. Unter allen Umständen wird es vielmehr sich, scheint es, empfehlen, Gott für seine Ansprüche selbst sorgen zu lassen und uns selbst nicht mit der Wichtigmacherei unserer Einbildung nur in sein Spiel zu drangen. Lassen wir uns meinetwegen vom Christenthum darüber belehren, dass es der Demüthigung unseres Selbst bedarf, aber doch nur am gehörigen Orte, und nicht da wo es nur Phantasmagorieen der Geschichte uns vormachen mögen. [4]
>
> Als Gnaden- und Erlösungsreligion traditioneller (transcendentaler) Art ist das Christenthum vom modernen (oder Kantischen) Rationalismus unter uns Menschen am radicalsten vernichtet. Ein Cardinalsatz, den dieser Rationalismus unter uns in Umlauf gebracht hat, ist alle Schuld rächt sich auf Erden und dieser Satz schafft das Christenthum in seiner alten oder überlieferten Gestalt unter uns ab. Es ist ein humaner Erfahrungssatz, und eben darum hat er auch Gehalt und Werth nur wenn er innerhalb der Grenzen unserer Humanität verstanden wird. Die göttliche Gerechtigkeit, soweit sich der Bereich ihres Waltens mit dem des Naturgesetzes waltet, lässt auch die göttliche Gnade an dieses Gesetz gebunden erscheinen und soweit auch alle Hoffnung auf Gnade aus-

geschlossen. Denn diese bleibt nur für die jenseitige
Welt bestehen, in welche es aber für uns Menschen
keinerlei Einblick giebt und demgemäss auch keinen
Boden für menschliche Hoffnung. Der Satz "alle
Schuld rächt sich auf Erden" kann dem Menschen nur
die Strafe für seine Schuld garantiren und das mag
ganz in der Ordnung sein, eventuell Gnade nur so
weit als der Mensch als der Gerechtigkeitsausüber
erscheint und zu walten sich im Stande zeigt. Auf
Erden ist Gott durch diesen Satz Gnadenausübung unmöglich gemacht, im Himmel oder im Jenseits entzieht sich diese Gnadenausübung Menschenerfahrung
in alle Ewigkeit. Nur im Bereich des radicalen Rationalismus hat der Satz "alle Schuld rächt sich auf Erden"
guten Sinn, sofern als sein nothwendiges Correlat gilt.
dass auf Erden auch alle Schuld ihre Vergebung findet.
Die Schuld [findet] ihre Strafe durch das Gerechtigkeitswalten der Naturgewalten, ihre Verzeihung durch das
Walten der den Menschen eignenden Gnadengewalt. Wir
Menschen [? haben] in diesem ganzen Gebiet in Wahrheit alles ganz transcendentales Gebiet der Religion zu
meiden, auf welchem keine Aussichten bestehen, und
uns um Gnade ganz innerhalb der Schranken unseres
Geschlechtes zu halten. Nur dann ist auch von Pflicht,
um Gnade für begangene Schuld zu bitten, für Menschen
zu reden, sonst ist alles derartige Bitte selbst darum
ebenso wie die Pflicht dazu Unsinn. Die Bitte hat sonst
keine Aussicht und eben darum die Pflicht dazu keinen
Sinn. Von Gnade können die Menschen für sich und ihre
Schuld nur bitten nur soweit sie von ihrer eigenen Befähigung Gnade und Verzeihung zu ertheilen etwas wissen und wissen können, sofern sie diese Fähigkeit wirklich besitzen. Für alle Hoffnung auf Gnade über die
Schranken ihres Geschlechtes wegsehen kann die Menschen nur in Wahn verstricken. Sind sie unter sich human genug, um die Ausübung der Gnade unter sich nicht
für ausgeschlossen oder für unmöglich zu halten, so
haben sie auch Justizgewalt mit den Naturgewalten.
Mit diesen wenigstens die Strafgewalt, während die
Gnade ganz in unsern Händen ruht. Entweder in diesen
oder sie existirt überhaupt für uns nirgends. In der für
Menschen allein erkennbaren Weltordnung hat Gnadengewalt des Christenthums oder der Religion keinen
Raum mehr. Götter kümmern sich um Menschen nicht,
Naturgewalten kommt wenigstens wenigstens auf ihre
Verschonung nichts an, für Menschen und ihre Begna-

digung ist nur in ihrer eigenen Mitte, in ihren Händen
gesorgt und sonst nirgends. Mag sein, dass sie dabei
nicht zum Besten stehen, warum schlechter als im rein
problematischen oder illusorischen Reich der Gnade,
von dem die Theologen wenigstens reden, möchte schwer
nachzuweisen sein. Reich mag der Strom der Gnade
aus Menschenhänden für einander nicht fliessen, wenigstens
haben sie sich damit mit einander nicht zum Besten,
sondern was ihnen da zufliesst ist echt und greifbar.
Auf jeden Fall haben sie sonst woher keine Hoffnung
auf Gnade. Alles Gerede von Gnade unter Menschen
ist nur Stoff für rhetorische Künste, wenn sie an etwas
Anderes dabei denken als an den eigenen Besitz der Fähigkeit
Gnade zu üben. Sind sie untereinander wirklich
ohne Erbarmen, so ist ihnen überhaupt nicht zu helfen,
alle Hoffnung auf Friede und Verträglichkeit auf der
Welt ein leerer Traum. Es ist aber thatsächlich einmal
nicht an dem, dass unter Menschen selbst Gnadenquellen
für einander über [sie] nicht fliessen. Sie hätten überhaupt
gar keine Vorstellung von Gnade, wenn sie nicht
aus sich zu schöpfen vermöchten. Thatsächlich brauchen
sie die Religion nicht dazu. Selbst dass der Mann weniger
bereit ist, der schuldigen Frau Gnade zu spenden,
ist keine Naturnothwendigkeit unter Menschen, sondern
nur ein Ergebniss ihrer Gesittung. Jenseits von Gut und
Böse, wo Menschen nun einmal in der Welt wohnen, ist
auch der Raum für die Gnade da, deren sie zum Leben
in Gemeinschaft nicht entrathen können. In der Welt, wo
die Menschen diesseits von Gut und Böse wohnen, sind
sie nur von Theologen, von ihren Pfaffen und Religionskünstlern
herabgedrückt worden. ... Die Theologie ist
an sich humanitätswidrig und darum auch für die Humanität
unerträglich.[5]

Im ersten Zitat ist es klar, dass Gott, soweit es Gott gibt, die Menschen auf sich
selbst zurückwirft, um sie die Gnade finden zu lassen. Die Gnade ist den Menschen
äusserst wichtig, denn ohne sie sind die Menschen durch ihre Schuld den "Naturgewalten"
übergeben. Was diese Gewalten sind, weiss man eigentlich nicht, aber ihr
Sinn scheint es zu sein, dass der Mensch sich durch seine Schuld zerstört. Man erinnert
sich an die Gewalten der Zerstörung im Neuen Testament - diese Schuld wird
ja von Overbeck im ersten Zitat "Sünde" genannt. Die Gnade anderseits scheint das
zu sein, was die Menschen vor dieser Zerstörung rettet. Diese Gnade ist in den
Menschen zu finden und daher, im Gegensatz zum illusorischen transzendenten
Reich der Gnade, greifbar und echt. Man kann von ihr wissen. Jenseits von Gut und
Böse wohnen die Menschen, d.h. jenseits von jenen eigentlich nicht bestehenden metaphysischen
moralistischen Werten, welche die Menschen und die Welt ihrem Urteil
unterwerfen und schliesslich den Theologen, den Urheber solcher Werte, auf

das Piedestal erheben, von wo er die Menschen und die Welt richtet.

Overbeck redet von einer Welt, für welche Gott gestorben ist. Die Gnade ist nicht mehr im Himmelreich zu suchen. Das Himmelreich gibt es ja nicht. Aber es gibt Schuld und Gnade, Liebe und Gemeinde, und diese alle haben mit der Humanität des Menschen zu tun und mit der Religion, die auf das Mass des Menschen reduziert ist.

b) Das Gericht und die Liebe

Wie immer bei Overbeck ist die Kritik zugleich Arbeit am Wahren und Positiven.

> Es liegt mir nicht im Geringsten daran, mit irgend Jemand über Gott und göttliche Dinge in Streit zu gerathen. ... Ich habe allerdings kein anderes Interesse an der Theologie als das wissenschaftliche, und damit ist man - ich gebe es gern zu - nicht befähigt ein Anwalt Gottes zu sein... ... Theologie ist für mich das Wesen, das mit dem Anspruch Gott vertreten zu können nothwendigerweise auch den entgegengesetzten besitzt - denn nur wer auch angreifen kann, kann vertheidigen - und eben darum einen Streit erregt, an dem ich mich nie habe betheiligen mögen. Stände es überhaupt in der Welt so, dass die Theologie ihren Anspruch darauf, die theoretische Vertheidigerin des Glaubens zu sein aufgegeben hätte, so würde mir gänzlich fernliegen, mich mit ihr zu befassen und damit im Grunde nur den Streit zu erregen, dessen Nichtexistenz mir ganz recht wäre. [6]

Was "vertreten" oder "verteidigt" werden kann, kann auch angegriffen werden. Das wird in einer Vertretung zum objektiven Begriff. Das vertretene Ding kann und wird dann auch als objektiv aus der Distanz betrachtet, geprüft, beurteilt oder auch vernichtet durch die Macht des denkenden Subjekts, durch dessen subjektivistische Selbstbehauptung. Daher müssen die Dinge, wenn sie wirklich leben, sich selbst beweisen und nicht von Menschen bewiesen werden.

> Die Vorstellung von Wissenschaft unter der ich in Beziehung zu ihr getreten bin, ist, dass sie dazu bestimmt ist, an den Dingen eine Art jüngsten Gerichts zu üben, und nur so bin ich überhaupt zu meinem Begriff von Theologie gekommen. So wenig wir irgend ein Ding ausser seiner selbst noch eines anderen zu seiner Vertretung bedarf, etwa der Wissenschaft, so wenig auch Religion und Christenthum einer Theologie. Nun ist

> freilich nicht minder richtig, dass die Dinge auch nur
> durch sich selbst vernichtet werden, d.h. sterben
> können, und insofern freilich beides, sie zu vertreten
> wie zu vernichten, gleich überflüssig ist. Darum ist
> aber doch nicht beides gleichgültig. Denn <u>sterben</u>
> müssen die Dinge, das brauchen wir nicht zu begreifen und müssen uns doch durch die Augenschein davon
> überzeugen lassen. Aber dass die Dinge leben <u>müssen</u>,
> das ist uns ein völlig undurchdringliches Räthsel, denn
> wir schon darum nicht wie jenem anderen gegenüber
> stehen, als wir vermögen, Dinge sterben zu lassen,
> aber nicht auch leben. Wohl ist uns Menschen gewissermassen der Tod in die Hand gegeben, aber nicht das
> Leben. [7]
>
> Wir können die Dinge lieben, und darum uns auch darüber hinwegsetzen, dass wir sie nicht vertheidigen
> können. ... Wogegen ich sage, es ist einfach nicht
> wahr, dass unter Menschen die Liebe zu den Dingen
> aus der Religion stammt. Sie hat ganz andere und viel
> einfachere Grundlagen, und Religion ist es auch darum
> nicht, was ihren Bestand am festesten sichert. [8]

Die Vertretung eines Dinges, wobei dessen Objektwerden vorausgesetzt wird, kennzeichnet seine Schwäche, weshalb es Unterstützung von Menschen finden kann. Die Vertretung ist aber schon Auslieferung des Dinges an das Urteil des Menschen und schliesslich an das "letzte Gericht". Liebe lässt das Ding in seiner Gegebenheit gelten, solange es als lebendig gegeben ist.

Jesus hat eine direkte Beziehung zu diesem Unterschied zwischen Lieben und Richten. Sein Wort "Richtet nicht!" (Mat. 7,1) ist das Thema einer Notiz Overbecks zum Problem des Richtens überhaupt.

> Eine heutzutage nur zu häufig gehörte ultima ratio für
> Religion und Moral lautet: Was soll nun ohne Religion
> aus der Moral werden? ... Kommt es denn so gar auf
> unsere menschliche Darstellung von Religion und Moral
> an? ... Kommt es uns Menschen zu, mit so schwerem
> Ernste und so bar allen Humor davon zu reden? ...
> Ich theile vielmehr in einem gewissen Maasse jene Bedenken am wenigsten in Hinsicht auf Religion, zu deren
> Vertretung ich überhaupt doch gar zu wenig Beruf in
> mir fühle, (obwohl ich Theologe <u>meines Zeichens</u> bin),
> als etwa um der Moral willen, bei der ich stärker
> empfinde, wie viel darauf ankommt sie unter uns zu
> erhalten. Trotzdem vermag meinen Eifer in der Frage
> nichts gründlicher abzukühlen, als jener grauslicher
> Ton, der ihn vielmehr anzustacheln den Anspruch er-

heben mag. Klingt er an mein Ohr so hallt es in mir
sofort mit dem Rath wider, doch die Dinge für sich
selbst sorgen lassen, was sie doch bis jetzt gethan
haben, umbekümmert jedenfalls um den Beifall, den
wir dem Erfolg, den sie damit hatten, zollen mögen,
und sich nur nicht so gewaltig zu blähen, ich will nicht
einmal sagen mit dem Gefühl helfen zu können, sondern
mit dem anderen, als ob es Einem sogar sehr angelegen
wäre, zu helfen. Jenes Gefühl <u>kann</u> man nicht haben,
dieses sollte man nicht haben. Wäre doch nur das Eine
Wort der Bergpredigt unter uns Menschen ernster genommen worden! <u>Richtet nicht!</u> Es ist viel tiefer als
man gemeinhin meint, namentlich auch viel kühner
gegen die Moral, als man meint, zumal bei der Begründung, die es im Evangelium erhält. Denn lässt
sich die Zwecklosigkeit alles moralischen Richtens
unter uns Menschen eindringlicher machen, als wenn
dem Richtenden kein anderer Zweck gegeben wird, als
sich selbst gegen das Gericht zu decken? War es möglich hier so sehr ad hominem zu argumentieren, wenn
der Rath sich besser einprägen liess? Auch darum erscheint mir das angeführte Wort als eines der grössten
im Evangelium, weil es am ehesten geeignet ist uns die
Entbehrlichkeit der Religion für die Begründung einer
Moral empfindlich zu machen. So leicht versteht es sich
gerade mit der Ablehnung der Moral, die es enthält.
Oder sollte hier keine Ablehnung der Moral vorliegen?
Wie kann diese aber gründlicher abgelehnt werden, als
indem ihre Anwendung abgelehnt wird? Man wendet vielleicht ein, die Meinung sei, man solle nur nicht gegen
<u>andere</u> kehren was gegen sich zu kehren unverwehrt
bleibe. Gerade das steht aber nicht da, und soll einmal
hier zwischen den Zeilen gelesen werden, so liegt die
Ergänzung ungleich näher: Lasst das Richten sein, denn
<u>dazu seid ihr Menschen nicht berufen,</u> es schickt sich
für euch nicht, und ist unter euch lediglich unnütz.[9]

Wie wenig ernst es die Religion, wenigstens die unsere,
die christliche, mit der Moral nimmt, d.h. wie wenig
es ihr um Stabilirung der Moral zu thun ist, das lehrt
ausser dem Spruch <u>Richtet nicht!</u> (vgl. über ihn oben
S. 8ff.) besonders der andere, der uns <u>den Nächsten
gleich wie uns selbst lieben</u> heisst (Matth. 19, 19).
Zwischen beiden Texten herrscht übrigens insbesondere
auch insofern wirklich ein Verhältniss des Parallelismus
oder inhaltlicher Wahlverwandtschaft, als sie beide im
Grunde Verbote der Anwendung der Moral sind, d.h. der

> Moral das Leben abschneiden. Wirksamer kann dieses
> wenigstens nicht geschehen als mit der Maxime Matth.
> 19, 19. Jeder Anwendung der Moral gegen uns selbst
> hat die höhere Gewalt der Natur unübersteigliche
> Schranken gezogen. Sie liegen in der natürlichen
> Selbstliebe, welche uns unter allen Umständen gegen
> alle excessive Anwendung der Moral schützt und
> deckt. Sobald das Christenthum diese Selbstliebe
> so vorbehaltlos heiligspricht, wie es Matth. 19, 19
> geschieht, sobald es diese Selbstliebe so unbedingt
> als moralische Maxime anerkennt, ist der Moral unter Menschen eine natürliche Schranke gezogen, einer
> absoluten Anwendung der Moral auf Menschen der Weg
> verlegt. Christen können, wenn sie darauf verzichten,
> unter Menschen eine absolute Moral anzuerkennen,
> Menschen nach einer Moral absolut zu richten, sich
> in der That auf Matth. 19, 19 berufen. Sie handeln in
> der That nur der Forderung gemäss, andere nicht anders zu behandeln als sich. [10]

In einer Notiz mit dem Titel "Matth. 7, 1" (A 207) macht Overbeck ganz deutlich, dass er unter Jesu Verbot das Verbot allen Richtens versteht. "Lass die Dinge für sich selbst sorgen." Statt zu richten, lieben. Und doch richtet Overbeck, nämlich in seiner wissenschaftlichen Kritik - aber nach seinem Verstehen nur das, was dem Gericht der Wissenschaft ausgeliefert ist. Es ist Overbecks alte Behauptung, dass die Wissenschaft zu allem ein Recht habe, was in ihrem Gebiet liege. Was ihr greifbar ist, ist das Objektive, das von Menschen Vertretene, das Vergängliche, das im Sterben Liegende, das zum Tode Verurteilte. Die Theologie ist Moralismus, und die Theologen sind daher nicht Menschen, die das leben lassen, was gegeben ist. Overbecks Kritik an der Theologie hat die Absicht, die lebendige Welt von dieser Todesmacht zu befreien, das tote Holz vom Baum abzuhauen, damit das lebendige leben kann.

Richten und Lieben haben ihren Sinn auch in menschlichen Beziehungen.

> Menschen ist es nicht beschieden, in irgend welche
> Beziehung zu treten, die sie nur verteidigen können;
> denn keine vermögen menschlicher Kritik Stand zu
> halten. Zum Glück indessen können sie lieben, und
> so sollen sie Mutter und Vater, ihr Vaterland, ihre Geschwister, ihre Freunde und ihre Geliebte lieben, aber
> nicht verteidigen. Denn das geht ebenso nicht, wie es
> die Liebe möchte, d.h. bis ins Ende, das ist aber für
> das Lieben auch gar kein Hindernis. Denn Liebe erkennt gar keinen Angriff an und ist verloren wenn sie
> sich dadurch irre machen lässt. Aber das kann und
> braucht sie auch nicht zu tun, denn sie ruht auf ganz

anderer Grundlage als auf der Anerkennung objektiver, allgemein auch für andere bestehender Unangreifbarkeit ihrer Objekte, und ist darum auch durch keinen fremden Angriff von ihrem Grunde abzudrängen. Und so temperiert sich auch aller Pessimismus in Hinsicht auf die Welt für Menschen in menschlicher Weise nur durch die Liebe. Lieben sie nur die Welt, so kann ihr auch aller Pessimismus bei ihnen nichts anhaben, d.h. der Verzicht auf Weltverteidigung kann sie nicht sonderlich anfechten. Das verstehe man aber nicht als Aufforderung zum "Verzicht darauf, die Welt zu verteidigen", sondern nur zum Verzicht darauf, die Vergeblichkeit der Verteidigung ernster als billig zu nehmen. Denn jener allgemeine Verzicht würde auf Verzicht auf alle Menschenwürdigkeit des Daseins, alle Cultur hinauslaufen. Ohne Kritik kommen wir nicht vorwärts, und diese mag uns zu falschen Idealisten machen, aber das sollen wir nun eben verhüten, und das hat am meisten Aussicht auf Erfolg, wenn wir uns vor jeder absonderlichen Einbildung auf unsere Kritik hüten. Auch sie sollen wir lieben, aber darum nicht meinen, dass sie genzlosen Wert hat, z.B. dass für unser Dasein nur unsere Kritik und nichts Besseres als diese gesorgt haben könne. All unsere für Dinge dieser Welt empfundene Liebe beruht vielmehr zum allergeringsten Teil auf unserem Zutun und gründet sich fester als auf dieses auf ihre natürlichen Grundlagen. Diese natürlichen Grundlagen mag ja Jemand, der darüber zu reden weiss, unter dem Namen Gott begreifen. An diesem Namen wird ihre Festigkeit auf keinen Fall hängen. [11]

Hier scheint Overbeck das Wort "Gott" fast mit positivem Inhalt zu erwähnen. Aber man muss "wissen" darüber zu reden, was nur so viel heisst wie "darüber reden können" - aber in der kritischen Gegenwart bedeutet "reden können" ein Wissen.

Die Grundlagen wirken Liebe in den Menschen, und zwar in der Art, dass der Mensch seine Liebe eigentlich nicht verteidigen (oder vertreten) kann, diese Liebe aber stark genug ist, sich vom Griff des Richtens, von der Objektivierung des Wissens überhaupt, fern zu halten. Die Gegebenheit der Grundlagen ist in der Gegebenheit des Menschenlebens eingeschlossen. Die Grundlagen haben die Qualität der Gnade, eines Geschenks, das in direkter Beziehung zur Gnade steht, welche die Menschen sich erweisen. Die Gnade, welche die Menschen sich erweisen, ist ja in diesen Grundlagen fundiert. Damit ist aber nicht gesagt, dass man von Gott "zu reden weiss".

c) Das Glück der Liebe
___

In der Leipzig-Jenaer Zeit schreibt Overbeck, dass die Religion sich nicht mehr auf die Natur oder auf die Geschichte gründen wird. Die Religion war die Entdeckung des Allgegenwärtigen im Innern, das Glück bedeutet. Auch beim späteren Overbeck wird das Beglückende nicht in Natur oder Geschichte gefunden, und - wie früher - auch nicht die Lösung des Welträtsels.

> Von der <u>Natur</u> (so wenig wie von der <u>Geschichte</u>...)
> können wir die Lösung des Räthsels der Welt nicht er-
> warten, je tiefer unsere Kenntniss derselben fort-
> schreitet, umso weniger. Und so kann denn Naturfor-
> schung so wenig wie Geschichtskenntniss den Streit
> um absoluten Pessimismus und Optimismus entschei-
> den, d. h. entscheiden ob die Maxime der Weltordnung
> Pessimismus oder Optimismus ist, uns zu diesem
> oder jenem führt. ... Von Natur wegen ist absoluter
> Pessimismus so gut und so schlecht begründet wie
> Optimismus, die Frage aber wie es in der Welt mit
> unserem individuellen oder subjectiven Glück steht,
> führt uns aber sofort in eine ganz andere Sphäre des
> Daseins als die ist, in welcher wir uns in der Frage
> nach dem Welträthsel befinden, und zwischen diesen
> beiden Sphären giebt es für uns keine gangbare Brücke,
> auch die geistreichste Philosophie der Neuzeit, die so
> geistreich nicht wäre, wenn sie nicht so viel <u>uralte</u>
> Weisheit in sich fasste, die Schopenhauersche, hat
> sie uns nicht gebaut. Erst mit der Sphäre der Frage
> nach unserem subjektiven Glück gelangen wir zum
> Sitz der Frage nach Pessimismus und Optimismus.
> Aber auch noch von einer [anderen] Seite gelangen
> wir auf Grund unseres gegenwärtigen Naturkenntnisse
> zur Ueberzeugung, dass sie uns den Streit um Pessi-
> mismus oder Optimismus nicht löst, [nämlich] weil
> sie nur zweideutig antwortet. Oft hat das von der mo-
> dernen Naturforschung formulirte Lebensgesetz des
> Kampfes um das Dasein den Pessimismus begründen
> sollen, was es doch eben als Lebensgesetz gar nicht
> kann. Als solches verkündet es im Grunde nur alte
> Weisheit, dass das Weltdasein wie es uns erkennbar
> wird, im ewigen Wechsel von Entstehen und Vergehen
> verläuft. Bei keiner der beiden Stationen dieses Um-
> laufs ist es uns möglich stehen zu bleiben, ohne der
> anderen zu gedenken, beim Tode nicht ohne in ihm
> den Vorläufer des Lebens zu erkennen und umgekehrt
> beim Leben. Und je tiefer und genauer wir durch
> Forscherfleiss in die Kenntniss der Natur dringen,

> um so tiefer und unabweislicher prägt sich uns die un-
> entwirrbarere Verflechtung jener beiden Gegensätze
> im Phanomen des Lebens, das selbst eben darum über
> ihnen hinausliegt und an sich weder Pessimismus noch
> Optimismus lehren kann. [12]

Die Frage nach dem Glück führt in eine andere Sphäre des Daseins, als die, in welcher wir uns mit der Frage nach dem Welträtsel befinden. Das erinnert an Overbecks frühere Idee, die gnostische Entwicklung eines Weltprinzips aus dem Heilsprinzip des Urchristentums führte das Christentum in den Bereich des Wissens. Der Bereich des Glücks ist nicht der des Wissens. Die Frage nach Pessimismus oder Optimismus ist durch die Liebe entschieden (siehe oben S. 133), daher muss die Liebe die Sphäre des Glücks sein.

Das Glück war für Overbeck immer ein wichtiger Begriff. Früher hiess es, Glück ist der Zustand desjenigen, der mit dem Ewigen eins ist. Nietzsche gebrauchte das Wort ähnlich in <u>Die Geburt der Tragödie</u>.[13] In einer Notiz im "Kirchenlexicon", datiert vom 12.6.1901, schreibt Overbeck, dass seine Freunde ihn oft "den Glücklichen" nannten. An derselben Stelle schreibt er, dass er frei sei von dem, was für seine Freunde (Nietzsche, Erwin Rohde) eine Beschwerde war, nämlich von einer hohen Selbstachtung.[14] Das bringt er in Verbindung mit der Liebe zu seinen Freunden.

> Ich habe... stets gewusst ebensogut, wo es bei meinen
> Freunden haperte und dass sie im Ganzen mehr werth
> waren, als ich. In diesem Sinn habe ich sie alle auf-
> richtig und herzlich geliebt...[15]

In Notizen für das "Kirchenlexicon" schreibt er folgendes von seiner Liebe zu seinen Freunden.

> <u>Meine</u> Freundschaft mit Nietzsche hat für das Publi-
> kum meiner Gegenwart nie existirt, die Rohdes ist
> schon gleichsam in ihrer ersten Jugend öffentlich auf-
> getreten und ich habe nichts der Art wie Rohde an sei-
> ner "Afterphilologie" in meinem Verhältniss zu Nietzsche
> vor dem Publikum zu vertreten gehabt. Ueberhaupt
> fällt es mir ja nicht ein, moralisch zu urtheilen und
> mich etwa hier gegen meine Freunde als Muster auf-
> zustellen, was doch im stillen Selbstgespräch, das
> ich überhaupt in diesen Blättern führe, eine voll-
> kommene Lächerlichkeit wäre, und dies zwar insbe-
> sondere auch schon darum, weil ich mir damit selbst
> nur die Freude an meinen Freunden, d.h. an Menschen,
> die ich liebe wie mich selbst, verderben würde.[16]

> Er [Nietzsche] ist ein Phänomen, vor dem ich mich
> immer wieder gebeugt habe und vor dem so gethan zu
> haben ich auch heute nicht bedauere. Ich sage absicht-

> lich "gebeugt" - denn mich über ihn zu erheben,
> gerade diese Abgeschmacktheit hat mir stets unendlich fern gelegen, nur dass ich sie nun auch als Abgeschmacktheit besser verstehe. ... Gerade in diesem Stück waren aber Nietzsche und ich Antipoden: er hat bis zum Extravaganten auf sich gehalten, ich habe es mit mir stets entgegengesetzt gethan, und eben damit denke ich am aller wenigsten mich moralisch über ihn zu erheben. Ich glaube hier nur der glücklichere Mensch gewesen zu sein, gewiss nicht der bessere oder höhere. [17]

Das Thema der Verborgenheit ist im ersten der beiden Zitate unverkennbar. Glücklich in der Liebe, will Overbeck seine Freundschaft vor dem Publikum nicht vertreten. Das lässt sich deutlich in den Notizen über Nietzsche finden.

> Meine Freundschaft mit Nietzsche hat mit der Zeit, ohne mein Zuthun und gewissermaassen von selbst, den grössten "Nutzen" aus ihrer Verborgenheit gezogen. [18]

> Nietzsche war und blieb mein Freund und als solcher mein Privatbesitz, den ich gegen alle Ansprüche anderer höchstens nur besonders zu schützen mich aufgefordert fühlte. [19]

Verborgenheit, Liebe und Glück sind eng miteinander verbunden. Der Schutz des "privaten Besitzes", die Ablehnung seiner Vertretung vor dem Publikum, das Glück der Liebe - alle sind auch in seinem eigensten Denken über die Wahrheit enthalten.

> Glück ist an unserem Leben das, was uns niemand nachschätzen geschweige denn gleich schätzen kann, und darum etwas was wir in Darstellung und Verwendung in unserem Verhältniss zu allem Publicum oder zur Oeffentlichkeit nur mit der grössten Zurückhaltung zu behandeln gut thun. Und diess nicht nur deshalb weil es für uns zu behalten uns ohnehin und auf keinen Fall Schaden bringt. Darnach müssen wir mit Glück auch bei aller Vergleichung unserer selbst mit Anderen verfahren. Seine richtige Hegung schützt uns noch am besten vor eitler Selbstüberschätzung. [20]

Wenn Glück in den Predigten der Studienzeit die Beziehung zur Ewigkeit bedeutete, so ist diese Bedeutung auch hier als Möglichkeit zu finden: Glück ist in Liebe gegründet, lehnt jede Vertretung ab, ist vor dem Publikum geschützt, das es zu einem Objekt machen würde - es steht gleichsam sub specie aeterni. Die Liebe scheint schlechthin sub specie aeterni zu stehen, ob als Liebe zu Personen oder als Liebe zu lebendigen Dingen. Ja, dieses Glück ist im Innern verborgen. [21]

Es gibt aber noch mehr Aussagen über das Glück bei Overbeck. Wie die Dinge dem Geheimnis des Schicksals unterliegen, so auch die Erfahrung des Glücks.

> ...das Glück des Individuums ruht im Schoss der Götter, aber doch nicht so, dass dieser Schoss die einzige Quelle dieses Glücks wäre. Nur dass das Individuum das geringste Interesse daran hat, über die Verteilung seines Glücks Rechenschaft zu fordern. Was die Götter davon denken mögen, dass wir Anspruch darauf erheben, neben ihnen unseres Glückes Schmiede zu sein, wissen wir nicht, aber felsenfest können wir wissen, dass wir hier Rechenschaft fordernd, wie die Dinge stehen, Rechenschaft nie bekommen, und von jener Forderung nicht leben können, sondern darauf bestehend, uns die Lebensquellen nur selbst verschliessen.[22]

Die Hauptsache ist, dass man glücklich ist oder wird, nicht dass man diese Rechenschaft bekommt. Von der über unser Verstehen gehenden, göttlichen (?) Verteilung des Glücks ist in zwei anderen Notizen die Rede.

> Diese guten Eltern, denen ich die glücklichste Jugend danke, auf jeden Fall einen Schatz, der wie kaum ein anderer mein ganzes Leben nach allen Dimensionen sozusagen erleuchtet hat, eine nur allzu glückliche vielleicht. In Wahrheit meine ich diesen Eltern ausser dem Glück auch die Freiheit zu verdanken, mit der ich wie durchs Leben gegangen, so auch aus ihm scheide.[23]

(Eine Dimension, welche dieses Glück erleuchtete, war die Theologie.)

> [Wegen unglücklicher Familienverhältnisse] hat sich also für Nietzsche die Mitgabe fürs Leben an dem Ort beschränkt, an welchem für Menschen gemeinhin die üppigste Quelle des ihnen beschiedenen Lebensglücks fliesst.[24]

Das Familienglück war von Anfang an sehr wichtig für Overbeck.

So wie das Glück einfach von der Liebe kommt, so ist aller Idealismus, d.h. subjektivistische Selbstbehauptung, der nur seine Macht über die Dinge beweisen will, wesentlich Unglück. Für Overbeck gilt Nietzsche als der Unglückliche.[25]

> Nietzsche fehlt es in Wahrheit an nichts weniger als an Idealismus, nur war dieser Idealismus höchst eigenthümlicher Art. Er vergewaltigte als echter Idealist jedes Ding, das er betrachtete, aber soweit Individuen seiner Betrachtung unterlagen keines rücksichtsloser als sich. Anders war Nietzsche stets ursprünglich geneigt, sie idealisirend über sich selbst

zu treiben, gegen Niemand kehre sich sein idealistischer Richterbetrieb rücksichtsloser als gegen sich selbst. Sich selbst hat er denn auch durch Idealismus zu Grunde gerichtet.[26]

Die Gewalt des Richtens ist die des Todes, wo auch sie sich befindet, und ihr gegenüber steht die Liebe.

Anmerkungen zu Kapitel 13

1) A 239, "Theologie (moderne) Renaissancebegriff", §1, 1.
2) A 232, "Offenbarung als Erziehung des Menschengeschlechts", §2, 1f.
3) A 219, "Christenthum (Humanität)", §2, 1.
4) A 219, "Christenthum (Sündenvergebung) Allgemeines", §1, 1f.
5) A 235, "Religion (Ueberflüssigkeit)", §3, 4ff.
6) A 238, "Theologie (Allgemeines)", §5, 2ff.
7) SB, 104. Vgl. Schleiermacher über die Kritik als Gericht: Hermeneutik und Kritik (Berlin, 1838), 265f.
8) A 234, "Pessimismus (Allgemeines)"; siehe CK, 29.
9) A 235, "Religion und Moral", §10, 6ff.
10) Ebenda, §12, 11.
11) SB, 145f.
12) A 232, "Naturforschung und Pessimismus", §1, 1f.
13) (Stuttgart, 1964), 139.
14) A 267e, "Meine Freunde"; dieser Notiz ist zum grössten Teil veröffentlicht in Ernst Bammel, "Overbeck über seine Freunde", Theologische Zeitschrift 1965, 113ff.
15) Ebenda.
16) A 232, "Nietzsche und Rohde", §3, 5f; siehe "Erinnerungen an Friedrich Nietzsche", Die neue Rundschau 1906, 321f.
17) A 232, "Nietzsche (Friedrich) Allgemeines", §2, 10; datiert vom 16.12.1899; siehe "Erinnerungen an F. Nietzsche", Die neue Rundschau 1906, 211.
18) A 232, "Nietzsche und Ich", §3, 18; siehe "Erinnerungen an F. Nietzsche", Die neue Rundschau 1906, 324.

19) Ebenda, 20; siehe "Erinnerungen an F. Nietzsche", <u>Die neue Rundschau</u> 1906, 325.
20) A 224, "Glück".
21) A 232, "Nietzsche und Ich", 17; siehe "Erinnerungen an F. Nietzsche", <u>Die neue Rundschau</u> 1906, 324.
22) A 227, "Individualismus (moderner) Allgemeines", §4, 13f; siehe CK, 287.
23) SB, 140.
24) A 232, "Nietzsche (Unglück)", §1, 3.
25) Ebenda, 1ff. Vgl. <u>Christlichkeit</u>, 13.
26) A 232, "Nietzsche (Idealismus)", §3, 2.

Kapitel 14. Gott

Es ist eine andere Form gefunden, welche neben der Form der Welt Anspruch auf "Ewigkeit", d.h. die ewige Jugend, hat, und diese ist die Liebe. Sie hat die Merkmale einer Entstehung: Sie ist wesentlich[1] verborgen, sie ist wesentlich nicht objektiviert, verteidigt oder vertreten, und daher ist sie dem Angriff des Wissens nicht exponiert. Das kann man aber auch umkehren: Eine Entstehung hat die Merkmale der Liebe, soweit die Menschen von Entstehung betroffen werden. Entstehen und Vergehen scheinen den Worten von Jesus über Liebe und Richten zu entsprechen. Wie die Dinge im Prozess des Entstehens und Vergehens "entzweit" sind, scheint auch der Mensch in sich "entzweit" zu sein: Er liebt oder er richtet.

Man erinnert sich an den jüngeren Overbeck. Da war auch eine Entzweiung des Menschen zu finden, denn der Mensch war sowohl Wissender wie Glaubender. Das Wissen war sein profanes Bewusstsein des weltlichen Vielen, der Glaube war sein Gottesbewusstsein. In der Tat, das Richten hat die Merkmale des Wissens, nur ist dem Wissen nun die Idee des Gerichts hinzugefügt worden: Das Wissen ist wesentlich Urteilen, was auch den Aspekt der Spaltung der Welt in das Viele in sich hat. Ist die Liebe aber ein Gottesbewusstsein? Das ist die Schwierigkeit im Vergleich des jungen mit dem alten Overbeck. Der alte Overbeck scheint höchstens nach Gott fragen zu können, nicht aber von ihm positiv zu reden. Wenn man von Gott als Sinn der Grundlagen der Liebe zu reden wüsste, könnte man von der Liebe als Gottes Gnade reden. Dasselbe könnte man dann vom Leben sagen, d.h. das gegebene Leben selber wäre die Gnade Gottes. Aber das Wissen hat den lebendigen Gott aus der Welt geschoben, oder Gott hat sich dem Griff des Wissens entzogen. Die Theologie früherer Zeitalter hatte ihn begreifen können, jetzt ist das nicht mehr möglich. Aber auch die Theologie früherer Zeitalter hatte Gott nie eigentlich begriffen - das war immer ein Hauptthema der Kritik Overbecks an der Theologie. In der Tat ist die Lage des heutigen kritischen Menschen der Lage Philos in Overbecks Vorlesung über Trinitätslehre und Christologie vom 1865/1866 ähnlich (siehe oben S. 46), nur ist in der kritischen Zeit die Distanz Gottes noch grösser geworden, denn Philo wusste von Gott zu reden. Das Wissen hat sich in der kritischen Zeit die Welt zu eigen gemacht (siehe oben S. 122), und im Hinblick auf Gott kann die kritische Zeit nur atheistisch oder agnostisch sein. Z.B. der Gott von Jesus lässt sich auch als entstehendes und absterbendes Ding dieser Welt erklären, wobei die ganze Betrachtung zu Atheismus führt. Weil der Gedanke des Entstehens und Vergehens seine Wurzel im griechischen Denken hat, bleibt es möglich, wenn nicht notwendig, die Quelle alles Entstehens "Gott" zu nennen. In der Overbeckschen Darstellung des Entstehens und Vergehens ist aber dieser Gott nichts mehr als ein logischer Schlusspunkt, und gegen ihn könnte Overbeck nur gleichgültig sein. Es handelt sich um den Gott der Liebe, ob er tot sei oder nicht, ob er mehr ist als eine menschliche Erfindung oder nicht.[2] Es ist sehr wichtig, dass Gott für Overbeck doch eine Frage (siehe unten S. 144) und nicht einfach tot ist.

Für den jungen Overbeck war Gott das Eine, d.h. wesentlich die einende Liebe, und

zwar so, dass die Welt des Vielen oder des Wissens aufgesprengt wurde, damit nur
dieses Eine die Wirklichkeit bestimmte. Dieser Gott offenbarte sich in Jesus als das
einende Eine, anders wurde er nicht als das, was er ist, erkannt und das Wissen
nicht aufgesprengt.

Das lässt sich bis zu einem gewissen Punkt auf den späteren Overbeck übertragen.
Jesus spricht "Liebe!", "Richtet nicht!", und das kann heissen, dass für Jesus die
Liebe als das Einende die Wirklichkeit bestimmte, so dass er nicht richtete oder
aber nur das richtete, was sich selbst richtete, sich selbst unter das Zeichen des
Todes stellte. Die Menschen kennen solche Welt umfassende Liebe aber nicht und
leben in sich entzweit. Wenn sie das Eine wirklich kennen wollen, dann müssen sie
auf Weltende und Parusie hoffen. Aber gerade hier scheint der Vergleich zwischen
dem jungen und dem alten Overbeck zu scheitern. "Gott" ist ihm nicht mehr gegeben.
Wenn man aber folgerichtig fragt, wo Gott eigentlich beim jungen Overbeck zu finden war, muss man sagen, in Jesus und in ihm allein. Denn erst aufgrund von Jesu
Einheit mit Gott konnte Overbeck seine eigene Erfahrung ein "Gottesbewusstsein"
nennen. Durch Jesus verstand sich der junge Overbeck als Gott-bewusst, denn Jesus
offenbarte Gott, eben als die Menschen noch nicht ahnten, was Gott wirklich ist. Das
ist nun die Frage: Ist Jesus die Offenbarung Gottes? Darf man Gott durch Jesus verstehen?

Es kann keine Frage sein, dass Jesus immer noch sehr wichtig für Overbeck ist.
Aber auch ist die jetzige Interpretation von Jesus der früheren sehr ähnlich. Jesus
ist immer noch etwas ganz Besonderes unter den Menschen. Sein Wort bedeutet Heil,
nicht Erkenntnis. Das ist ein Gegensatz, der immer noch für Overbeck nicht zu
überbrücken ist. Der Unterschied zwischen diesen Gegensätzen ist sozusagen ein unendlich qualitativer. Der Gegensatz Heil-Erkenntnis ist zugleich der Gegensatz Lie-
ben-Richten, und das Heil für Overbeck ist das Glück der Liebe. Im Grunde denselben Gegensatz findet Overbeck in Jesu Worten. Mit der Forderung "werden wie die
Kinder" (Mt. 18,3) ist der Glaube an das nahe Weltende in den Parusiereden Jesu
"unzertrennlich" verbunden.[3] Das gemeinte "Kind-Sein" des Menschen ist ein Gegensatz zur Welt oder zum "Weltlich-Sein" des Menschen. Für Jesus ist solches
"Kind-Sein" in dieser Welt unmöglich.[4] In Liebe vertrauen Kinder in einfacher, un-
komplizierter Weise (vgl. oben S. 47, 84); ihnen gegenüber steht der immer ver-
wickelte Richtertrieb des Weltmenschen. Es gibt daher eine deutliche Parallelität
zwischen Overbecks Denken und dem Sinn der Worte Jesu, und sie kann kein Zufall
sein. Hat Overbeck sich in Jesus einfach hineininterpretiert? Darüber mag man denken, wie man will. Es sieht aber so aus, dass Overbeck selber meinte, den Sinn der
Worte Jesu verstanden zu haben. Man hat sogar den Eindruck, dass Overbecks Verstehen überhaupt davon abhängig sei, dass seine Sprache ihre Form aus der Beziehung zu Jesus gewonnen hat.

Was ist nun aber der Ursprung der Liebe? Sie ist einerseits in den gegenwärtigen
geheimnisvollen Grundlagen der Liebe gegeben. Sie fliesst aber in die Welt in kräf-
tiger Weise aus der Predigt von Jesus. In der Tat kann man sagen, dass die Liebe
in Jesus dermassen kräftig ist, dass sie von Jesus aus die den Menschen eigene in
den Grundlagen gegebene Liebe ergreift und ihr für ein wirksames Leben in der Welt

Geburtshilfe leistet. Wenn die Liebe dann tatsächlich wirksam wird, erhält sie das
Leben vor den Gefahren des Richtertriebes, d. h. der Todesmacht.

Wenn Jesus die Liebe wirkungsvoll predigt, heisst das nicht, dass er der einzige
wäre, der in diesem Bereich etwas zu sagen hat oder dessen Botschaft wie Leben
erhaltende Liebe wirkt. Für die heutigen Menschen ist Jesus und seine Predigt
nur ein erlösendes Element in der gegenwärtigen Kultur. Man denkt z. B. an Platons
göttlichen Eros (Phaidros, §265). Die Liebe im ausgezeichneten Sinn, den Overbeck
meint, ist aber nur in Jesus gegeben, und zwar ohne Philosophie oder Theologie,
d. h. ohne die Selbstbehauptung des spekulierenden "Lehrers". Nur in Jesus ist das
Wort und die Wirklichkeit: "Richtet nicht! Liebe!"

Overbeck selber stellt eine Theorie über die Liebe nur einmal auf - in seiner Rede
von den Grundlagen der Liebe. Sonst ist seine Rede über die Liebe nicht Spekulation
sondern eine Weise, in welcher die Liebe sich beweist. Sie ist gleichsam Zeugnis
des Geistes der Liebe und daher des Geistes Jesu, und sie ist darin den Zeugnissen
des heiligen Geistes im Neuen Testament ähnlich. Durch den Geist der Liebe werden sogar die Jahrhunderte der Geschichte gleichsam ausgeschaltet. In seinem Reden von Richten und von Liebe wirkt Jesus in Overbecks Gegenwart. Aber die Liebe
kennt wesentlich keine Objektivierung, daher kann sie keine Geschichte haben - oder
sie bleibt nicht das, was sie ist.

In seiner Vorlesung von 1895, "Geschichte der Litteratur der alten Kirche" (A 105,
S. 224f.) schreibt Overbeck über den heiligen Geist:

> In der christlichen Urgemeinde gab es einen einzigen
> Meister, der Anspruch darauf hatte, ein ideales Pu-
> blicum in ihr zu finden, das war Christus. Neben ihm
> hatte niemand damit aufzutreten ein Recht und dass
> irgend jemand lediglich irgend ein schriftstellerisches
> Formtalent ein Recht derart verschafft hätte, daran
> war in den Verhältnissen des Urchristenthums vollends
> nicht zu denken. ... Als dessen [Christi] Schüler wa-
> ren die einzelnen Mitglieder seiner Gemeinde insbeson-
> dere auch alle in gleicher Besitz <u>Einer</u> Gabe, die sie
> der ganzen Aussenwelt gegenüber auszeichnete aber
> unter ihnen eben nur Gleichheit bestehen liess, die
> Gabe des heiligen Geistes oder des Geistes schlecht-
> hin, wie sich das älteste Christenthum ausdrückte.
> Im gemeinschaftlichen Besitz dieser Gabe hatte man
> sich auch nichts einander zu schreiben, keiner konnte
> der Meister eines oder gar aller Anderen sein, es gab
> keinen Schriftsteller und kein Publicum, denn alle waren
> einer wie der andere "Gottes Schüler" (Θεοδίδακτοι) wie
> der 1. Thessalonicher Brief in Worten sich ausdrückt,
> die überhaupt ganz aus dieser Urwelt christlichen
> Schriftums herausgeschrieben sind, wenn wir hier lesen

(1. Thess. 4, 9): "Von der Bruderliebe hat man euch
nicht erst zu schreiben. Denn ihr habt selbst in Gottes
Schule gelernt euch unter einander zu lieben."[5]

Es steht im Gegensatz zur Selbstbehauptung der Theologie, wenn Overbeck schreibt, niemand hatte in der christlichen Urgemeinde das Recht, ein ideales Publikum zu suchen, denn mit ihrer Vertretung nehmen sich auch die Theologen dieses Recht. Die Zerstörung der Einheit der Gemeinde, d.h. der "Einen Gabe", und das behauptete Formtalent gehen Hand in Hand. Die Gabe des Geistes ist aber die Bruderliebe, worin alle eins sind. In diesem Verständnis des Geistes liegt ja der Gegensatz des einenden Einen und des Vielen. Jenes bedeutet Frieden und Ruhe, dieses bedeutet Streit.

In der Vorlesung über Trinitätslehre und Christologie von 1865/1866 war der Geist das "Princip fortschreitender Erkenntniss". Man kann sagen, das ist der Geist immer noch, soweit er als Liebe verstanden wird[6]: Aufgrund der Liebe schreitet die Erkenntnis durch die sich ändernde Welt fort. Denn eine geistige Erkenntnis ist Overbecks Gegensatz des Richtens von Wissenschaft und Theologie und der Gegebenheit von Liebe und Leben. Es handelt sich in dieser Erkenntnis auch um die Scheidung von Gott und Welt, denn in Overbecks Kritik ist der lebendige Gott radikal aus dem weltlichen, wissbaren Bereich entfernt. In diesem Sinn auch ist sein Denken noch durch seine frühere Interpretation von Jesus bestimmt, denn er versteht Gott immer noch als nicht im Bereich des menschlichen Wissens gegeben.

Die Frage nach Gott weist für Overbeck eindeutig auf Jesus zurück. Jesu Rede von Gott war kein Wissen, keine Spekulation. Gott war für Jesus eine unmittelbare, intim geliebte Wirklichkeit. Am 11. Januar 1904 schrieb Overbeck, dass er das "Geheimnis der Religion" nicht "enthüllt" habe.

> ... [ich] wohl aber ein Recht dazu zu haben meine, mich
> als unus e multis, der grossen Reihe meiner Vorgänger
> anzuschliessen, welche nach dieser Enthüllung suchten
> und zwar innerhalb der Grenzen der Menschheit suchten,
> von der Ueberzeugung ausgehend, dass ausschliesslich
> im Boden der Menschheit die Wurzeln des Geheimnisses
> der Religion zu entdecken seien und sonst nirgendwo.[7]

Was Overbeck enthüllt hat, ist, dass Religion in Mythus und Sage gründet.[8] Das ist ein Schluss der Wissenschaft, aber damit ist das "Geheimnis" der Religion nicht enthüllt. Der Kritiker Overbeck gesteht, dass in der Religion etwas noch jenseits von seinem Wissen liege, nämlich ihre "Wurzeln". Das Wissen ist also vielleicht in dieser Frage begrenzt. Es ist möglich, dass Jesu Einheit mit Gott ein echtes Geheimnis ist.

Die Frage nach Gott ist eine spekulative Frage, eine Frage des Wissens, wie auch die Frage nach den Wurzeln der Religion. Als spekulativ ist dieses Fragen unfähig, Gott oder die Wurzeln der Religion zu treffen. Gott entfernt sich vom spekulativen Griff, es sei denn, dass er dieser Spekulation willkürlich hinzugefügt wird, und das

Wissen steht bereit, die Willkürlichkeit dieses Tuns aufzuzeigen.

Es gibt aber eine andere Sphäre des menschlichen Seins, und in dieser Sphäre gibt es keine Fragen. Diese ist die Sphäre des Glücks, d.h. der Liebe. Hier handelt es sich weder darum, was für Fragen die Menschen stellen, noch um die Antworten, die sie produzieren. Hier handelt es sich vielmehr um Gegebenes. Was in dieser Sphäre geschieht, ist, wie in der <u>Christlichkeit</u> (siehe oben S. 87), das Sich-Vergessen des Menschen. Er selber stellt weder das Glück noch die Liebe dar, vielmehr stellen sie sich selber dar, und im Glück der Liebe ist der Mensch nicht mehr für sich isoliert, sondern vergisst sich in der Einheit mit dem Geliebten.

Ist Gott aber Overbeck gegeben? Offensichtlich nicht, aber Overbeck vergisst sich auch nicht. Overbeck kennt nur die Entzweiung in sich, sowohl das Viele des Wissens wie die einende Liebe. Jeder Mensch, der liebt, ist zugleich in der Wirklichkeit der Welt, wie sie ist. Er ist nicht nur vereint sondern zugleich entfremdet. Man weiss ja noch von dem Einen und Vielen zu reden - eine Spekulation und daher ein Symptom des Sich-Nicht-Vergessens.

Solche totale Liebe ist, soweit man weiss, nur einmal in der Welt geschehen - in Jesus, und für ihn war Gott das Einende. Ist Gott die Wurzel der Religion? Auch wenn man sagt, dass "Gott" nur eine für Jesus ausserordentlich kräftige triebförmige Idee, eine Entstehung, war, die mit der Zeit scheinbar abstirbt, so bleibt Gott doch eine Frage - nicht für das, was er an sich sein mag, sondern in seiner Bedeutung für den Menschen Jesus: "Gott" bedeutete das Eine der Liebe, die Erlösung schlechthin, den positivsten Sinn des Menschenlebens. Er gab sich nur einmal in solcher Art - für Jesus. Gab er sich dann damals auch für die Menschen überhaupt?

> Nietzsche hat gesagt, Gott ist tot! und das ist etwas anders als: Gott ist nicht! d.h. er kann nicht sein, ist nicht, wird nicht sein und ist nie gewesen! Vielmehr: Er ist gewesen! Und dies ist wenigstens der allein menschenmögliche Atheismus, die einzig für Menschen mögliche, ihnen allein zugängliche Form des Atheismus. Die andere Form wäre die Uebermenschliche, und wie Nietzsche zu dieser stand, steht dahin und hängt vollkommen an der Zweideutigkeit seines Uebermenschenbegriffs. Ein Bekenntnis Nietzsches zu <u>dieser</u> übermenschlichen Form des Atheismus gibt es auf jeden Fall nicht, und von ihr lässt es sich allerdings behaupten, dass es sie gar nicht geben kann, wenigstens nicht aus seinen zurechnungsfähigen Tagen. Mit dieser Ausführung will <u>ich</u> aber meinerseits nichts weiter tun, als einen Tatbestand konstatieren und Sophisten überlassen auf Grund dieses Tatbestandes zu ergotieren und sich damit auf den Boden des absoluten Streits, ob Gott ist oder nicht, zu versetzen. Ich selbst meine in der Sache nur: Gottes

> Dasein, wie es mit ihm steht, geht uns Menschen nichts
> an! und wüsste nur mit der atheistischen Formel Nietz-
> sches überhaupt etwas anzufangen, die ich eben die
> menschenmögliche genannt habe. Unter uns Menschen
> kann es sich, das Vorurteil einer Religion natürlich
> vorbehalten, immer nur um die Frage selbst handeln:
> ob Gott ist! nicht um ihren Inhalt: Ist uns die <u>Frage</u>
> gegeben? nicht: Ist uns Gott gegeben? wovon jenes
> ebenso augenscheinlich ist wie dieses nicht ist. [9]

Das folgende Zitat hat den Titel "Theologie (Schwierigkeiten)")§2, 1f.; A 239).

> Zumal die Schwierigkeiten [der] Theologie muss man
> sich hüten allzuweit zu suchen. Die Augen dabei nur
> nach Wolkenkukuksheim zu richten besteht in Wahrheit
> weit weniger Veranlassung als es oft scheinen mag.
> Die schwierigsten, die sich z.B. der Erhebung Jesu
> zum Gott entgegenstellen und damit der Gewinnung
> eines Postulats für die Theologie hängen jedenfalls
> nicht nur an der Ferne und Unzulänglichkeit der Per-
> son Jesu, sondern ebenso sehr an der zu grossen Nähe
> seiner Bekenner. Es fragt sich: Kann Christus Gott
> sein? Nicht nur darum, weil wir nicht genug von ihm
> und von Gott wissen, um nur eine solche Frage aufzu-
> werfen, sondern auch weil wir seinen gegenwärtigen
> Vertretern zu nahe stehen. Mancher Theologe, der für
> Jesus eintritt, ist durch seine Person ein Stein des An-
> stosses für den Glauben, dass er Gott gewesen, und
> welcher vermag überhaupt noch mit dem Anspruch auf-
> zutreten, für Christus als Gott einzutreten, für ihn als
> solchen gutzusprechen. Die Einbildung, dass unsere
> theologischen Streitigkeiten Gott zum Gegenstand haben,
> Gott gelten, darf uns doch nicht die Thatsache übersehen
> lassen, dass die Streiter wir selbst sind. Ist aber über-
> haupt für uns der Ort oder die Stelle absehbar, wo die-
> ses Recht für uns eintritt? Wo jenes Vergessen legitim
> wird? Ueber uns selbst wegzusehen möchte schwerlich
> die beste Gewähr sein um das Recht dazu zu erwerben.
> Wir Menschen verwickeln selbst die Dinge genug um so
> leicht bei ihrer "Auswickelung" dazu zu kommen, von
> unserem Zuthun zur Verwickelung abzusehen. Das sind
> Gedanken, die sich mir bei der Lectüre eines so hart-
> gesottenen Theologen wie <u>A. Ritschl</u> nur aufdrängen.

Im Vergessen der Liebe ist der Streit überwunden, und die Dinge werden ausge-
wickelt aus der Verwicklung des Wissens von dem unbeherrschbaren Vielen, indem
sie vereinfacht werden, d.h. in das Eine geführt werden. Der Wille zur Vereinfa-
chung oder Auswicklung der Dinge, dieser Versuch über uns hinwegzusehen, lässt

immer wieder, wie bei den alten Mönchen, das Stück Welt zurück, das der Mönch
selber ist. Die Liebe ist Geschenk, und sie wirkt das Vergessen.

Im zweiten Zitat scheint Overbeck zu sagen, dass wir die Fähigkeit bekommen würden, in Jesus Gott zu erkennen, wenn wir vergessen würden, dass wir Streiter sind.
Das hat eigentlich erst dann Sinn, wenn nur Gott die Liebe des Sich-Vergessens in
den Menschen bewirken kann, und zwar durch seine Anwesenheit für die Menschen.
Sonst ist es ebenso vorstellbar, dass es ein atheistisches Sich-Vergessen geben
könnte. Das ist aber äusserst abstrakt: Nur einer hat sich vergessen, und für ihn
war Gott eine intime Wirklichkeit. Erst wo der Gott der Liebe sich offenbart, ist
das Selbst-Vergessen der Liebe zur Wirklichkeit gemacht, ist das Sein des Menschen die Liebe, ist der Mensch sinnvoll "den Grenzen dieser Welt entrückt", ist
der Mensch im "Reich der Liebe". Aber gibt es diesen Gott, der sich nur einmal
offenbart hat? Wird er sich noch "beweisen"? Wird es die Parusie geben? Das ist
die Frage, welche die Menschen gar nicht beantworten können.

Das Wichtigste für den Menschen ist aber nicht die religiöse Frage, sondern die
Liebe. Sie und nicht die Frage ist das Beglückende. Darin kann der Mensch etwas
anderes als den weltlichen Streit erblicken und danach fragen, was das ist, die Liebe. Er kann an sie glauben und auf sie hoffen. Sie ist human. Wo sie entsteht, kann
der liebende Mensch nach Jesus fragen, nach der Liebe als einmalig gegebenes
Sein der Wirklichkeit. Und diese Fragen haben für den Menschen nur eine einzige
Antwort, und das ist die Liebe: ebenso radikal human war diese Inkarnation.

Man braucht nur die Liebe als das "Formlose", "Unvergängliche" und "Allgegenwärtige" aufzufassen, um sie als das Ewige im metaphysischen Sinn des Wortes zu
verstehen. Aber sie scheint eher eine Form zu sein, die das Bewusstsein des Menschen kräftig formt und daher nur, als aus weltlichem Stoff gemacht, die relative
Ewigkeit von triebförmigen Ideen zu haben, d.h. die ewige Jugend, "sub specie
aeterni". Die Behauptung, dass die Liebe metaphysisch ewig sei, würde über die
Grenzen des menschlichen Denkens hinausgehen, oder vielmehr gerade innerhalb
dieser Grenzen bleiben.

Es gibt bei Overbeck keinen Gottesbeweis, wohl aber Spekulation aufgrund der Möglichkeit, dass Gott ist, dass er sogar für den Menschen ist. Die Theorie über Entstehung enthält nicht nur den Hinweis, dass die Welt nicht aus dem Nichts entstanden sein kann, sondern auch die Möglichkeit, dass das Leben ein Geschenk von Gott
ist. Solche Spekulation ist an den Stellen zu finden, wo Overbeck Geburt und Tod als
ähnliche Momente im Leben denkt.[10] Es ist naheliegend, dass das Entstehende aus
derselben Quelle stammt, wohin es beim Tod zurückkehrt. Gott könnte sich immer
noch beweisen, indem er sich als diese Quelle aufdeckt.

Es könnte eine neue Religion geben, wenn Propheten erscheinen würden,[11] aber es
gibt sie nicht. Es ist sehr zu bezweifeln, dass Overbeck irgend eine neue Religion
hätte akzeptieren können. Erstens, er wäre viel zu kritisch gewesen, zweitens,
sein Begriff der Religion war von der Liebe viel zu geprägt. Es hätten Propheten

sein müssen, die Jesu Botschaft, d.h. die "Urreligion" predigten. Nur diese Botschaft hätte seine Kritik aufsprengen können - wenn sie mächtig genug wäre. Er behauptete, dass er kein Christ war, und in der Tat hatte er in seiner Kritik das Christentum sehr früh aufgehoben. Er glaubte aber genug an das, was er in der Christlichkeit sagte, um das Buch 1903 noch einmal herauszugeben. In einem Nachwort distanzierte er sich sich von seiner darin behaupteten Theologie (162), bekräftigte aber seine Ansicht von der Accomodation (165) wie auch seine Auffassung von den Geistlichen als "vorzüglich wenig bedürftig" seines Rats (173).

Anmerkungen zu Kapitel 14

1) Die Liebe wird offensichtlich sowohl objektiviert wie verteidigt und vertreten, und insofern ist sie auch dem Angriff der Kritik exponiert. In ihrem Wesen aber "lebt" sie. Es ist nur dann möglich, dass die Liebe in die Arme der Kritik läuft, wenn sie ihr Leben verliert und sich damit dem Tod übergibt. Vgl. SB, 147, wo Overbeck schreibt, dass die Liebe zu Religion, die sonst alle Verteidigung der Religion leicht macht, schwindet. Overbeck weiss, wie es mit der Liebe steht, daher verteidigt er sie nicht, und mit dieser Einsicht widersteht er der Versuchung der kritischen Zeit, alles zu objektivieren.

2) Vgl. A 224, "Gott und Seele. Allgemeines", datiert vom 25.8.1904; siehe CK, 267.

3) A 227, "Jesus. Reden über die Parousie. Echtheit. Kritik", §8, 10; CK 48.

4) A 207, "Matt. 18,3", §1, 2; siehe CK 48.

5) Vgl. Overbeckiana II, 86ff.

6) Vgl. oben S. 29.

7) A 267c, "Tagebuchartiges", 90.

8) Siehe Overbecks "letzte Theologie", Selbstbekenntnisse (Basel, 1941), 47f.; Overbeckiana I, 218.

9) A 232, "Nietzsche. Atheismus", §1, 1f; siehe "Erinnerungen an Friedrich Nietzsche", Die neue Rundschau 1906, 222f.

10) z.B. A 240, "Urgeschichte (Allgemeines)", §6, 7ff.; siehe CK, 21.

11) A 218, "Bibel (Allgemeines)"; siehe CK, 76f.

Kapitel 15. Tod

Wenn es möglich ist, sich zu vergessen, dann vor allem im Tod. Ob dieses Sich-Vergessen nichts ist oder ob es Gott bedeutet, weiss Overbeck nicht. Der Tod wird es zeigen. In seinen letzten Jahren schrieb Overbeck,

> In der That kann es sich bei jeder Behauptung, wenigstens jedem religiösen Bekenntniss menschlicher Kunde von Gott nur darum handeln, ob er uns kennt, nicht ob wir ihn kennen. Denn [dass] das Letzteres nicht der Fall ist, wissen wir.[1]

In der bekannten Stelle in CK (299)[2], wo Overbeck in allem Widerspruch auf Gott hofft, verweist er den Leser auf Bernhard Duhms abgegrenzten Wortlaut des 39. Psalm. Der Psalm lautet (ohne Apparat):

> Ich spreche: ich will wahren meine Wege vor dem Sündigen mit meiner Zunge, will meinem Munde einen Zaum anlegen, wo noch der Gottlose vor mir ist. Ich ward stumm, gebeugt ohne Glück, und mein Schmerz ist aufgestört, heiss ist mein Herz in meinem Innern, in meinem Denken brennt ein Feuer. Ich sprach im Stillen: Lass mich wissen, Jahweh, mein Ende und das Mass meiner Tage, was es sei, ob ich vergehen muss. Sieh, handbreit machtest du meine Tage, und mein Leben ist wie nichts vor dir, nur aufs Eitle gestellt. Nur als Schattenbild wandelt der Mensch, nur eitel lärmt er, häuft auf und weiss nicht, wer sie einbringt. Und nun, was erhoff' ich, Herr? Mein Harren gilt dir! Ich bin stumm, öffne meinen Mund nicht, denn du machst es so. Durch Strafen ob der Verschuldigung weisest du zurecht den Menschen und liessest zergehen wie die Motten seine Schönheit, nur eitel ist alles was Mensch ist.[3]

Diese Worte der Ergebung passen eigentlich sehr gut zu Overbecks "Unglauben". Die Eitelkeit des Menschlichen in Bezug auf die göttlichen Dinge war immer sein Anliegen und seine tiefste Ueberzeugung. Es ist auch bedeutsam, dass er das Alte Testament für sein skeptisches Glaubensbekenntnis geeignet finden kann. Mit diesem Hinweis steht er fast wie ein Mensch des Alten Testaments vor der Ankunft Gottes. Mit seiner Ankunft müsste Gott sich beweisen, denn es gibt für den Menschen das Jenseits nicht mehr, d.h. es gibt überhaupt keinen Gottesbeweis mehr.

> ...es giebt überhaupt nur ein Diesseits und nach mehr zu suchen besteht auch für die Zukunft keine Veranlassung.[4]

Overbecks alte Spekulation scheint ihm noch sinnvoll zu sein, wenn er über den Tod redet. Der Tod ist das unzweideutigste Symbol der menschlichen Gemeinschaft.[5]

Der Tod kann dienlich sein als eiserner Besen, womit man allen Lug und Trug im Leben austilgt. [6] Es ist vielleicht zu weit hergeholt, darin Overbecks frühere Idee von Gott als dem einigenden Einen zu sehen. Aber es gibt noch andere Spuren. Ein Gebet für die "ewige Ruhe" seiner "abgeschiedenen Seele" wünschte er für seine Beerdigung. [7] Das wäre vielleicht nichts besonders, wenn nicht das Wort "Ruhe" eine so wichtige Rolle in seinem früheren Denken gespielt hätte. Ruhe war ein Wort, wie Friede, das die menschliche Beziehung zum Ewigen bedeutete. Sie stand im Gegensatz zur Bewegung des Wissens oder zur Weltlichkeit überhaupt. Von diesem Gegensatz schreibt Overbeck auch in seiner späteren Zeit.

> Wie fängt man das nun an, mit Wissen sich solche Sicherheit [der Dinge] im Sich Regen unter den Dingen zu verschaffen? Da kann die Tyche, Glück oder Unglück oder das Schicksal vollends unliebsam bald unsere Gedanken wenden und sie schliesslich zur Frage drängen, wie nur an und für sich zu sicherem Wissen zu gelangen ist, vor allem in sich selbst sicherem und nicht anderes sicherstellendem. Womit aber jeder bei Mathäei am Letzten angelangt, zur ewigen Ruhe, die sich ihm aus dem Entfallen jedes Motivs zur "Bewegung" ergiebt. [8]

Es lässt sich nicht beweisen, aber es scheint, dass die alten Ideen der glaubenden Spekulation noch wirken. Das Gebet für die ewige Ruhe war nicht als Gebet für das ewige Nichts beabsichtigt. Auch war es kaum Overbecks Absicht, seine Geliebten von sich zu stossen, indem er sie für sich beten liess. Die Ruhe ist sinnvoller Zustand der menschlichen Vollendung im liebvollen Ewigen und Einen. Sie ist ja Weltende und Parusie.

Anmerkungen zu Kapitel 15
___

1) A 224, "Gott bekannt". Vgl. A 224, "Gottesglauben (Allgemeines)", §4, 4; siehe CK, 266.

2) A 239, "Tod (Allgemeines)", §3, 3.

3) Bernhard Duhm, Die Psalmen erklärt (Freiburg, 1899), 115.

4) A 235, "Reinhardt (L.), Kennt die Bibel das Jenseits?", 14.

5) A 239, "Tod (Allgemeines)", §2, 2; siehe CK, 298.

6) A 239, "Tod (Vermischtes)", §5, 5; siehe CK, 297.

7) C.A. Bernoulli, "Franz Overbeck", Basler Jahrbuch 1906, 191.

8) A 241, "Wissenschaft (Zweck)", §1, 2f.

Literaturverzeichnis

I. Von Overbeck selbst veröffentlichte Schriften

In der folgenden Liste werden die vielen Buch-Besprechungen und die Lexikonartikel Overbecks nicht aufgeführt. Ein Verzeichnis des gesamten Schriftums von Overbeck befindet sich in Overbeckiana I. Die hier verzeichneten Schriften werden chronologisch aufgeführt.

1. Quaestionum Hippolytearum Specimen summe venerabilis Theologorum ordinis Jenensis consensu et auctoritate pro gradu licentiati et docendi potestate rite obtinendis die IV. M. Augusti A. MDCCCLXIV in publico defendet Franciscus Camillus Overbeck Dr. Philos. cand. Theol. Jena, 1864.

2. Ueber zwei neue Ansichten von Zeugnissen des Papias für die Apostelgeschichte und das vierte Evangelium. Zeitschrift für wissenschaftliche Theologie 10, 1867, 35-74.

3. Ueber εν ομοιώματι σαρκὸς αματίας Röm. 8,3. Offenes Sendschreiben an Herrn Dr. Carl Holsten in Rostock. Zeitschrift für wissenschaftliche Theologie 12, 1869, 178-213.

4. Kurze Erklärung der Apostelgeschichte. Von W.M.L. de Wette. 4. Auflage, bearbeitet und stark erweitert von F. Overbeck. Leipzig, 1870.

5. Ueber Entstehung und Recht einer rein historischen Betrachtung der neutestamentlichen Schriften in der Theologie. Antrittsvorlesung, gehalten in der Aula zu Basel am 7. Juni 1870. Basel, 1871.

6. Ueber den pseudojustinischen Brief an Diognet. Programm für die Rectoratsfeier der Universität Basel. Basel, 1872.

7. Ueber das Verhältniss Justins des Märtyrers zur Apostelgeschichte. Zeitschrift für wissenschaftliche Theologie 15, 1872, 305-349.

8. Ueber die Christlichkeit unserer heutigen Theologie. Leipzig, 1873.

9. Studien zur Geschichte der alten Kirche. Chemnitz, 1875.

10. Ueber die Auffassung des Streits des Paulus mit Petrus in Antiochien (Gal. 2, 11ff.) bei den Kirchenvätern. Programm zur Rectoratsfeier der Universität Basel. Basel, 1877.

11. Aus dem Briefwechsel des Augustin mit Hiernonymous. Historische Zeitschrift 48, 1879, 222-259.

12. Zur Geschichte des Kanons. Chemnitz, 1880.

13. Ueber die Anfänge der patristischen Literatur. Historische Zeitschrift 48, 1882, 417-472.

14. Ueber die Anfänge der Kirchengeschichtsschreibung. Programm zur Rektoratsfeier der Universität Basel. Basel, 1892.
15. Die Bischofslisten und die apostolischen Nachfolge in der Kirchengeschichte des Eusebius. Programm zur Rektoratsfeier der Universität Basel. Basel, 1898.
16. Ueber die Christlichkeit unserer heutigen Theologie. Um eine Einleitung und ein Nachwort vermehrten Auflage. Leipzig, 1903.

Einige Schriften in der obigen Liste sind in den letzten Jahren von der Wissenschaftlichen Buchgesellschaft, Darmstadt, in fotomechanischem Nachdruck herausgegeben worden, nämlich die Nummern 9 (1965), 10 (1968), 12 (1965), 13 (1966), 14 (1965), und 16 (1963).

II. Aus dem Nachlass veröffentlichte Schriften Overbecks (chronologisch aufgeführt)

a) Von Carl Albrecht Bernoulli herausgegebenen Schriften

Franz Overbecks Briefe an Peter Gast. Die neue Rundschau 1, 1906, 26-51.

Erinnerungen an Friedrich Nietzsche. Die neue Rundschau 1, 1906, 209-231, 320-330.

Franz Overbecks Briefe an Heinrich von Treitschke und Erwin Rohde. Die neue Rundschau 2, 1907, 863-882.

Bismarck und das Christentum. Die Tat. Wege zu freiem Menschtum 1, 1909, 188-198.

Das Johannesevangelium. Studien zur Kritik seiner Erforschung. Tübingen, 1911.

Friedrich Nietzsches Briefwechsel mit Franz Overbeck. Hg. von Richard Oehler und C.A. Bernoulli. Leipzig, 1916.

Vorgeschichte und Jugend der mittelalterlichen Scholastik. Eine kirchenhistorische Vorlesung. Basel, 1917.

Christentum und Kultur. Gedanken und Anmerkungen zur modernen Theologie. Basel, 1919.

Titus Flavius Klemens von Alexandria, Die Teppiche (Stromateis). Deutscher Text nach der Uebersetzung von F. Overbeck. Hg. und eingeleitet von C.A. Bernoulli und L. Früchtel. Basel, 1936.

b) Von Anderen veröffentlichte Schriften Overbecks

Aus der Korrespondenz von A. E. Biedermann (1819-1885). Hg. von Paul Burckhardt. Aus fünf Jahrhunderten Schweizerischer Kirchengeschichte. Zum 60. Geburtstag von Paul Wernle. Basel, 1932, 317-352.

Krüger, Gustav (ed), Overbeckiana. Theologische Blätter 15, 1936, Sp. 100-104.

Selbstbekenntnisse. Im Auftrage der Franz-Overbeck-Stiftung in Basel hg. und eingeleitet von E. Vischer. Basel, 1941.

Bietenhard, Hans (ed), Miszelle: Franz Overbeck gegen Heinrich Julius Holtzmann. Theologische Zeitschrift 3, 1947, 235-236.

Lieb, Fritz (ed), Miszelle: Franz Overbeck und Bruno Bauer. Theologische Zeitschrift 7, 1951, 233.

Pölcher, Helmut (ed), Overbeckiana. Zeitschrift für Religions- und Geistesgeschichte 6, 1954, 49-64.

Staehelin, Ernst, in Mitarbeit mit Gabathuler, Matthäus, Overbeckiana. Uebersicht über den Franz-Overbeck-Nachlass der Universitätsbibliothek Basel. Erster Teil. Die Korrespondenz Franz Overbecks. Verzeichnisse, Regesten und Texte. Studien zur Geschichte der Wissenschaften in Basel 12. Basel, 1962.

Tetz, Martin, Overbeckiana. Uebersicht über den Franz-Overbeck-Nachlass der Universitätsbibliothek Basel. Zweiter Teil. Der wissenschaftliche Nachlass Franz Overbecks. Studien zur Geschichte der Wissenschaften in Basel 13. Basel, 1962.

Bammel, Ernst (ed), Overbeck über seine Freunde. Theologische Zeitschrift 21, 1965, 113-115.

Tetz, Martin (ed), Adolf Jülichers Briefwechsel mit Franz Overbeck. Zeitschrift für Kirchengeschichte 76, 1965, 307-322.

Selbstbekenntnisse. Mit einer Einleitung von Jacob Taubes. Sammlung Insel 21. Frankfurt, 1966.

III. Unveröffentlichte Schriften aus dem Nachlass Overbecks

Das hier gegebene Verzeichnis führt nur die in der vorliegenden Arbeit genannten Schriften Overbecks auf. Dieses Verzeichnis gründet auf <u>Martin Tetz</u>' Verzeichnis der gesamten unveröffentlichten Schriften Overbecks im Franz-Overbeck-Nachlass der Universitätsbibliothek Basel:

> Overbeckiana. Uebersicht über den Franz-Overbeck-Nachlass der Universitätsbibliothek Basel. Zweiter Teil. Der wissenschaftliche Nachlass Franz Overbecks. Studien zur Geschichte der Wissenschaften in Basel 13. Basel, 1962.

a) Wissenschaftliche Manuskripte

A 13. Predigten der Studienzeit.
    a) Die Gemeinschaft des Christen mit Gott. Predigt über 1. Joh. 2, 1-5.
    b) Werden wir nicht müde! Predigt über 2. Cor. 4, 16-18.
    c) Predigt über die Tempelreinigung Christi Joh. 2, 13-17.
    d) Predigt über 1. Joh. 4, 10.

A 76. Ueber die Anfänge des Mönchthums. Probevorlesung zur Habilitation, gehalten am 21. Okt. 1864.

A 77. Ueber die Anfänge des Mönchthums. Vorlesung, gehalten in der Rose (Jena), d. 6. Febr. 1867.

A 80. Ueber die Anfänge der Kirchengeschichtsschreibung. Rectoratsrede, gehalten am 17. Oct. 1876 in der Aula zu Basel.

A 92. Vorlesung: Erklärung des Evangeliums nach Johannes. Basel, 1877/78.

A 102. Vorlesung: Geschichte des apostolischen Zeitalters. Fragmente einer im 1867, 1868/69, 1870 gehaltenen Vorlesung.

A 103. Vorlesung: Geschichte der Litteratur der alten Kirche (Patristik) bis Eusebius von Caesarea. Jena, 1869/70, und Basel, 1870.

A 105. Vorlesung: Geschichte der Litteratur der alten Kirche. Patristik. Basel, 1895.

A 108. Vorlesungen über Trinitätslehre und Christologie bis zum Nicänischen Concil. Jena, 1865/1866.

A 109. Vorlesung: Geschichte der alten Kirche. Basel, 1894. Beigelegt: ausgeschiedene Teile älterer Fassungen der Vorlesung.

A 111. Vorlesung: Geschichte der Theologie im Mittelalter (Scholastik). Basel, 1893.

b) Collectaneen

A 207.   Synoptiker.

A 208.   Johannes (verschiedene Stichworte).

A 216 ff. Kirchenlexicon (verschiedene Stichworte).

A 255.   Mönchthum (verschiedene Stichworte).

c) Andere Aufzeichnungen Overbecks

A 267c. "Tagebuchartiges". 24.12.1897-31.1.1905.

A 267e. "Meine Freunde". 12.6.1901 und 15.4.1905.

A 268b. 56 Zellel mit vermischten Aufzeichnungen Overbecks.

A 272.   Von Overbeck beschriebener Heftumschlag: "Eigenes".

d) Aus der Bibliothek Overbecks

A 334.   "Accessionscatalog meiner Bibliothek".

A 335.   "Meine Bibliothek".

A 395.   Richard Adelbert Lipsius, Der Gnosticismus, sein Wesen, Ursprung und Entwicklungsgang. Leipzig, 1860.

IV. Ausgewählte Schriften über Overbeck

Zum gesamten Schriften über Overbeck siehe Pfeiffer, 218ff., Overbeckiana I, 29ff.

Barth, Karl, Immer noch unerledigte Anfragen. Die christliche Welt 36, 1922, Sp. 249.

- und Thurneysen, Eduard, Zur inneren Lage des Christentums. München, 1920.

Bernoulli, Carl, Albrecht, Franz Overbeck. Basler Jahrbuch 1906.

- Franz Overbeck. Neue Schweizer Rundschau, 1931, 53-62.
- Franz Overbeck und Friedrich Nietzsche. Eine Freundschaft. Jena, 1908.
- Die wissenschaftliche und die kirchliche Methode in der Theologie. Ein encyklopädischer Versuch. Freiburg, Leipzig, Tübingen, 1897.

Blaser, Klauspeter, Harnack in der Kritik Overbecks. Theologische Zeitschrift 21, 1965, 96-112.

Buske, Thomas, Overbecks theologische Christlichkeit ohne Glauben. Theologische Zeitschrift 23, 1965, 396-411.

Emmelius, Johann-Christolph, Tendenzkritik und Formengeschichte. Franz Overbecks Beitrag zur Auslegung der Apostelgeschichte. Forschungen zur Kirchen- und Dogmengeschichte 27. Göttingen, 1975.

Kamlah, Wilhelm, Christentum und Selbstbehauptung. Historische und philosophische Untersuchungen zur Entstehung des Christenthums und zu Augustins "Bürgerschaft Gottes". (siehe bes. S. 456-461) Frankfurt, 1940.

Kiefer, Robert, Die beiden Formen der Religion des Als-Ob hauptsächlich dargestellt an de Wette und Overbeck. Pädagogisches Magazin 1395. Langensalza, 1932.

- Nietzsche und Overbeck - eine Arbeitsgemeinschaft. Zeitschrift für Kirchengeschichte 57, 1938, 523-553.

Köhler, Wolfgang, Christentum und Geschichte bei Franz Overbeck. Diss. phil. Erlangen, 1950 (masch.).

Löwith, Karl, Von Hegel zu Nietzsche. Der revolutionäre Bruch im Denken des neunzehnten Jahrhunderts. Zürich, 1941, 514-529.

Müller, Bernhard, Glaube und Wissen nach Franz Overbeck. Diss. theol. Berlin, 1967.

Nigg, Walter, Franz Overbeck. Versuch einer Würdigung. München, 1931.

Pfeiffer, Arnold, Franz Overbecks Kritik des Christentums. Studien zur Theologie und Geistesgeschichte des Neunzehnten Jahrhunderts 15. Göttingen, 1975.

Randa, Hermann, Nietzsche, Overbeck und Basel. Bern und Leipzig, 1936.

Schindler, Hans, Barth und Overbeck. Ein Beitrag zur Genesis der dialektischen Theologie. Gotha, 1936.

Tetz, Martin, Altchristliche Literaturgeschichte - Patrologie. Theologische Rundschau 32, 1967, 1-42.

- Ueber Formengeschichte in der Kirchengeschichte. Theologische Zeitschrift 17, 1961, 413-431.

Troeltsch, Ernst, Rezension von: Franz Overbeck, Ueber die Christlichkeit unserer heutigen Theologie, 2. Aufl. Deutsche Literaturzeitung 24, 1903, Sp. 2472-2475.

- Rezension von: Franz Overbeck, Christentum und Kultur. Historische Zeitschrift 122, 1920, 279-287.

Vielhauer, Philipp, Franz Overbeck und die neutestamentliche Wissenschaft. Aufsätze zum Neuen Testament. Theologische Bücherei - Neudrücke und Berichte aus dem 20. Jahrhundert 31. München, 1965, 235-252.

Vischer, Ebehard, Immer noch unerledigte Anfragen. Die christliche Welt 36, 1922, Sp. 286-287.

- Der neuentdeckte Overbeck. Die christliche Welt 36, 1922, Sp. 125-130, 142-148.

- Overbeck redivivus. Die Christliche Welt 36, 1922, Sp. 109-122.

Zur Erinnerung an Herrn Professor Dr. Franz Overbeck. Basel, 1905.

IV. Ausgewählte Schriften aus dem 19. Jahrhundert

Fast alle hier aufgeführten Schriften sind entweder von Overbeck selber erwähnt oder befinden sich in den Katalogen seiner Bibliothek. Siehe auch Pfeiffer, 215ff.

Anonymous, Ferdinand Christian Baur und die Tübinger Schule. Unsere Zeit. Jahrbuch zum Conversations-Lexicon. Bd. VI. Leipzig, 1862, 229-254.

Baur, Ferdinand Christian, Das Christenthum und die christliche Kirche der drei ersten Jahrhunderte. 2. Aufl. Tübingen, 1860.

- Die christliche Gnosis oder die christliche Religions-Philosophie in ihrer geschichtlichen Entwicklung. Tübingen, 1835.

- Die christliche Kirche vom Anfang des vierten bis zum Ende des sechsten Jahrhunderts in den Hauptmomenten ihrer Entwicklung. Tübingen, 1863.

- Die christliche Lehre von der Dreieinigkeit und Menschwerdung Gottes in ihrer geschichtlichen Entwicklung. Tübingen, 1841-1843.

- Das Christliche des Platonismus oder Socrates und Christus. Tübingen, 1837.

- Die Einleitung in das Neue Testament als theologische Wissenschaft. Ihr Begriff und ihre Aufgabe, ihr Entwicklungsgang und ihr innerer Organismus. Theologische Jahrbücher 9, 1850, 463-567. Theologische Jahrbücher 10, 1851, 70-94, 222-253, 291-329.
- Die Epochen der kirchlichen Geschichtsschreibung. Tübingen, 1852.
- Kirchengeschichte des 19. Jahrhunderts. Hg. von E. Zeller. Tübingen, 1862
- Der Kritiker und der Fanatiker in der Person des Herrn Heinrich W. J. Thiersch. Zur Charakteristik der neuesten Theologie. Stuttgart, 1846.
- Kritische Studien über das Wesen des Protestantismus. Theologische Jahrbücher 6, 1847, 506-581.
- Kritische Untersuchungen über die kanonische Evangelien, ihr Verhältnis zu einander, ihren Charakter und Ursprung. Tübingen, 1847.
- Lehrbuch der christlichen Dogmengeschichte. Tübingen, 1858.
- Paulus, der Apostel Jesu Christi. Sein Leben und Wirken, seine Briefe und seine Lehre. Ein Beitrag zu einer kritischen Geschichte des Urchristenthums. Stuttgart, 1845.
- Paulus, der Apostel Jesu Christi. Sein Leben und Wirken, seine Briefe und seine Lehre. Ein Beitrag zu einer kritischen Geschichte des Urchristenthums. 2. Aufl. hg. von E. Zeller. Leipzig, 1866.
- Die Tübinger Schule und ihre Stellung zur Gegenwart. Tübingen, 1859.
- Vorlesungen über neutestamentliche Theologie. Hg. von F. F. Baur. Leipzig, 1864.

Bernoulli, Carl Albrecht, Moderne Christlichkeit. An Herrn Prof. Franz Overbeck zum Ausweis der vollzogenen Wandlung. Die neue Rundschau 1904, 444-454.

Biedermann, A. E., Christliche Dogmatik. Zürich, 1869.

Burckhardt, Jakob, Weltgeschichtliche Betrachtungen. Stuttgart, 1921.

Crusius, O., Erwin Rohde. Ein biographischer Versuch. Tübingen, und Leipzig, 1902.

De Wette, W. M. L., Ueber Religion und Theologie. 2. Aufl. Berlin, 1821.

Dühring, Eugen, Kritische Geschichte der Philosophie von ihren Anfängen bis zur Gegenwart. Berlin, 1869.

Ein Sorgenvoller [Kübel, Robert], Christliche Bedenken über modernes christliches Wesen. Gütersloh, 1888.

Harnack, Adolf, Lehrbuch der Dogmengeschichte. Freiburg, Leipzig, und Tübingen, 1890-1894
- Reden und Aufsätze. Giessen, 1904.

- Das Wesen des Christentums. Leipzig, 1900.

Hase, Karl, Gnosis, oder protestantisch-evangelische Glaubenslehre für die Gebildeten in der Gemeinde. 2. Aufl. Leipzig, 1869 - 1870.

- Handbuch der protestantischen Polemik gegen die römisch-katholischen Kirche. 2. Aufl. Leipzig, 1865.
- Hutterus Redivivus, oder Dogmatik der evangelisch-lutherischen Kirche. 4. Aufl. Leipzig, 1839.
- Kirchengeschichte auf der Grundlage akademischer Vorlesungen. Leipzig, 1890.
- Kirchengeschichte. Lehrbuch zunächst für akademische Vorlesungen. 9. Aufl. Leipzig, 1867.
- Theologisch-akademische Streitschriften, Teil 3: Anti-Röhr. Leipzig, 1837.
- Die Tübinger Schule. Sendschreiben an Herrn Dr. von Baur. Leipzig, 1855.

Haym, Rudolf, Feuerbach und die Philosophie. Halle, 1847.

- Die romantische Schule. Berlin, 1920.

Hilgenfeld, Adolf, Das Christenthum und die moderne Zeitbildung. Zeitschrift für wissenschaftliche Theologie 9, 1866, 1-27.

- Die Evangelien und die geschichtliche Gestalt Jesu. Zeitschrift für wissenschaftliche Theologie 6, 1863, 311-340.
- Die Evangelien-Forschung nach ihrem Verlaufe und gegenwärtigen Stande. Zeitschrift für wissenschaftliche Theologie 4, 1861, 1-71, 137-204.
- Die Theologie des 19. Jahrhunderts nach ihrer Stellung zu Religion und Christenthum und mit besonderer Rücksicht auf Baur's Darstellung. Zeitschrift für wissenschaftliche Theologie 6, 1863, 1-40.
- Die wissenschaftliche Theologie und ihre gegenwärtige Aufgabe. Zeitschrift für wissenschaftliche Theologie 1, 1858, 1-21.

Keller, Gottfried, Der grüne Heinrich. Braunschweig, 1854-1855.

Köstlin, K. R., Der Lehrbegriff des Evangeliums und der Briefe Johannis und die verwandten neutestamentlichen Lehrbegriffe. Berlin, 1843.

- Die pseudonyme Litteratur der ältesten Kirche. Ein Beitrag zur Geschichte der Bildung des Kanons. Theologische Jahrbücher 10, 1851, 149-221.
- Zur Geschichte des Urchristenthums. Theologische Jahrbücher 9, 1850, 1-63, 235-303.

Krohn, August, Zur Erinnerung an Hermann Lotze. Zeitschrift für Philosophie und philosophische Kritik 81, 1882, 56-93.

Lagarde, Paul de, Deutsche Schriften. 5. Aufl. Göttingen, 1920.

Lange, Friedrich A., Geschichte des Materialismus und Kritk seiner Bedeutung in der Gegenwart. 3. Aufl. Iserlohn, 1877.

Lipsius, R. A., Studien über Schleiermachers Dialektik. Zeitschrift für wissenschaftliche Theologie 12, 1869, 1-62, 113-154.

Lüdemann, Hermann, Die Anthropologie des Paulus und ihre Stellung innerhalb seiner Heilslehre. Kiel, 1872.

Meyer, Julius, Das Leben Jesu für das deutsche Volk bearbeitet von David Friedrich Strauss und die Stellung der Gegenwart zum Christenthum. Leipzig, 1865.

Mongré, Paul, Sant' Ilario. Gedanken aus der Landschaft Zarathustras. Leipzig, 1897.

Nietzsche, Friedrich, Sämtliche Werke in Einzelbänden. Kröners Taschenausgabe 70-78. Alphabetisch-systematische Uebersicht über Friedrich Nietzsches Gedankenwelt von Richard Oehler. Kröners Taschenausgabe 170. Stuttgart, 1964-1965.

Rocholl, Rudolf. Einsame Wege. Leipzig, 1898.

Rohde, Erwin, Psyche. Seelencult und Unsterblichkeitsglaube der Griechen. Freiburg und Leipzig, 1894.

- Die Religion der Griechen. Heidelberg, 1895.

Rothe, Richard, Die Anfänge der christlichen Kirche und ihrer Verfassung. Wittenberg, 1837.

- Theologische Ethik. Wittenberg, 1845-1848.

- Theologische Ethik. Zweite völlig neu ausgearbeitete Auflage. Wittenberg, 1869-1871.

- Zur Debatte über den Protestantenverein. Allgemeine krichliche Zeitschrift 5, 1864, 297-304, 377-391, 513-523.

- Zur Dogmatik. Gotha, 1863.

Schleiermacher, Friedrich, Der christliche Glaube. 7. Aufl. hg. von Martin Redeker. Berlin, 1960.

- Dialektik. In: Friedrich Schleiermacher's sämmtliche Werke. Dritte Abtheilung: Zur Philosophie. Bd. 2. Hg. von L. Jonas. Berlin, 1839.

- Einleitung ins Neue Testament. Aus Schleiermacher's handschriftlichem Nachlass und nachgeschriebenen Vorlesungen mit einer Vorrede von Dr. F. Lücke hg. von G. Wolde. In: Friedrich Schleiermacher's sämmtliche Werke. Erste Abtheilung: Zur Theologie. Bd. 8. Berlin, 1845.

- Geschichte der Philosophie. In: Friedrich Schleiermacher's sämmtliche Werke. Dritte Abtheilung: Zur Philosophie. Bd. 4. Hg. von H. Ritter. Berlin, 1839.

- Hermeneutik und Kritik. In: Friedrich Schleiermacher's sämmtliche Werke. Erste Abtheilung: Zur Theologie. Bd. 2. Hg. von F. Lücke. Berlin, 1838.

- Kurze Darstellung des theologischen Studiums. Kritische Ausgabe mit Einleitung und Register von Heinrich Scholz. Quellenschrift zur Geschichte des Protestantismus 10. Leipzig, 1910.
- Ueber meine Glaubenslehre. Zwei Sendschreiben an Herrn Dr. Lücke. In: Friedrich Schleiermacher's sämmtliche Werke. Erste Abtheilung: Zur Theologie. Bd. 7. Berlin, 1838.
- Ueber die Religion. Reden an die Gebildeten unter ihren Verächtern. 4. Aufl. Berlin, 1831.

Schopenhauer, Arthur, Arthur Schopenhauers sämmtliche Werke. Hg. von J. Frauenstädt. Leipzig, 1873-1874.

Schwarz, Karl, Gotthold Ephriam Lessing als Theologe. Ein Beitrag zur Geschichte der Theologie im 18. Jahrhundert. Halle, 1854.
- Predigten aus der Gegenwart. Leipzig, 1859.
- Der protestantische Pfarrer und seine Gemeinde. Predigt über 2. Corinther 1, 24. Gotha, 1856.
- Schleiermacher, seine Persönlichkeit und seine Theologie. Gotha, 1861.
- Das Wesen der Religion. Halle, 1847.

Schwegler, Albert, Das nachapostolische Zeitalter in den Hauptmomenten seiner Entwicklung. Tübingen, 1846.

Späth, H., Die Stellung der Gegenwart zum Christenthum. Protestantische Kirchenzeitung, 1864, Sp. 81-100, 137-150, 161-177.

Strauss, David F., Der alte und der neue Glaube. Ein Bekenntnis. 7. Aufl. Bonn, 1874.
- Der Christus des Glaubens und der Jesus der Geschichte. Eine Kritik des Schleiermacher'schen Lebens Jesu. Berlin, 1865.
- Die christliche Glaubenslehre in ihrer geschichtlichen Entwicklung und im Kampfe mit der modernen Wissenschaft dargestellt. Tübingen und Stuttgart, 1840-1841.
- Das Leben Jesu für das deutsche Volk bearbeitet. Leipzig, 1864.
- Das Leben Jesu kritisch bearbeitet. 4. Aufl. Tübingen, 1840.
- Streitschriften zur Verteidigung meiner Schrift über das Leben Jesu und zur Charakteristik der gegenwärtigen Theologie. Tübingen, 1841.

Teichmüller, Gustav, Geschichte des Begriffs der Parusie. Aristotelische Forschungen 3. Halle, 1873.
- Literarische Fehden im vierten Jahrhundert vor Christus. Breslau, 1881, 1884.
- Die wirkliche und die scheinbare Welt. Neue Grundlegung der Metaphysik. Breslau, 1882.

Thiersch, H. W. J., Einige Worte über die Aechtheit der neutestamentlichen Schriften und ihre Erweisbarkeit aus der ältesten Kirchengeschichte gegenüber den Hypothesen der neuesten Kritiker. Zur Erwiderung auf die Schrift des Herrn Prof. Dr. F. Chr. Baur in Tübingen: "Der Kritiker und der Fanatiker u. s. w.". Erlangen, 1846.

- Die Kirche im apostolischen Zeitalter und die Entstehung der neutestamentlichen Schriften. Frankfurt und Erlangen, 1858.
- Ueber christliches Familienleben. 2. Aufl. Frankfurt und Erlangen, 1855.
- Versuch zur Herstellung des historischen Standpunkts für die Kritik der neutestamentlichen Schriften. Eine Streitschrift gegen die Kritiker unserer Tage. Erlangen, 1845.
- Vorlesungen über Katholicismus und Protestantismus. Erlangen, 1846.

Treitschke, Heinrich, Ausgewählte Schriften von Heinrich von Treitschke. Leipzig, 1907.

- Heinrich von Treitschkes Briefe. Hg. von M. Cornicelius. Leipzig, 1914.

Voelkelt, Johannes. Arthur Schopenhauer. Stuttgart, 1900.

- Vorträge zur Einführung in die Philosophie der Gegenwart. München, 1892.

Weisse, Christian Hermann, Die evangelische Geschichte kritisch und philosophisch bearbeitet. Leipzig, 1838.

- Die geschichtliche Voraussetzungen der Straussischen Glaubenslehre. Zeitschrift für die historische Theologie, 1842, 101-181.
- Philosophische Dogmatik oder Philosophie des Christenthums. Leipzig, 1855-1862.
- Ueber die Zukunft der evangelischen Kirche. Reden an die Gebildeten deutscher Nation. 3. Aufl. Leipzig, 1849.

Zeller, Eduard, Ueber historische Kritik und ihre Anwendung auf die christliche Religionskunden. Theologische Jahrbücher 5, 1846, 288-321.

- Ueber das Verhältniss der Theologie zur Wissenschaft und zur Kirche. Theologische Jahrbücher 9, 1850, 93-110.
- Ueber das Wesen der Religion. Theologische Jahrbücher 4, 1845, 26-75, 393-430.
- Vorträge und Abhandlungen. Erste Sammlung. 2. Aufl. Leipzig, 1875.
- Vorträge und Abhandlungen. Zweite Sammlung. Leipzig, 1877.